昭和人間のトリセツ

石原壮一郎

日経プレミアシリーズ

プロローグ　昭和人間という、ややこしくもデリケートな存在

昭和人間のみなさん、調子はどうですか。まだまだ元気にやっていきましょう。まわりの昭和人間に何かと悩まされている若者のみなさん、いつもお世話をおかけしています。

昭和の時代と令和の今とでは、街の風景も人々の感覚も社会の常識も、大きく変わりました。私も含めて昭和に生まれ育った昭和人間は、折に触れて「なんかやりづらいな」「なんでそうなるの」と感じてしまいがち。そして、若者のみなさんも昭和人間に対して、折に触れて「なんかやりづらいな」「なんでそうなるの」と思っているかと存じます。

家電製品にせよ電子機器にせよ、その実力を十分に引き出そうと思ったら、トリセツをじっくり読んで、正しい使い方や注意事項を知っておく必要があります。昭和人間というややこしくてデリケートな存在も同じ。潜んでいるリスクをチェックしておかないとトラブルにつながるし、扱い方を間違えたらスムーズに動いてくれません。

この本では、昭和人間である自分自身をどう取り扱うか、そして周囲の昭和人間をどう取り扱うかについて、念入りに考察したり具体的なノウハウを提言したりしています。昭和人間のみなさんは「自分のトリセツ」というスタンスでお読みください。日頃から昭和人間に悩まされている平成人間のみなさんにとっては、扱い方のコツをつかんでもらえる内容になっています。

昭和人間のあなたが「自分のことはよくわかってる。トリセツなんて必要ない！」と思ったとしたら、それは危険な思い込みです。これまでの人生においても、自分のことこそわからないと実感した覚えがあるはず。また、読んでいて「カチン」とくる箇所があるかもしれません。その場合、そこがあなたにとっての「トラブルが発生しやすいウィークポイント」です。ぜひ、自分の胸に手を当ててみましょう。

周囲の、おもに若いみなさんに向けて取り扱い方や注意点を述べている部分も、昭和人間には関係ないと思わないでください。「こう見られがちなので気を付けましょう」「こんなふうに気をつかわせていることを自覚しましょう」という間接的な警告と受け取っていただけたら幸いです。

自分の取り扱い方のコツを知るのは、卑屈にも傲慢にも不機嫌にもならずに、平穏な気持ちで日々を過ごすためです。周囲といい関係を保って、居心地のいい場所で伸び伸び過ごすためです。昭和人間の持ち味とパワーを発揮して、令和の時代を元気に楽しく生き抜くために、トリセツを有効に活用しましょう。

まずは自分の「昭和人間度」を把握する

思えば遠くまで来た昭和人間ですが、きっと若者にはない長所や底力があるはずです。いっぽうで、今の時代とややズレがある常識や感覚が、周囲の顰蹙《ひんしゅく》を買っているケースも少なくありません。

昭和人間である自分のトリセツを有効に活用するためには、基本スペックというか、マシンのクセのようなものを知っておく必要があります。まずは、自分の「昭和人間度」をチェックしてみましょう。よかったら平成生まれの方もやってみてください。もしかしたら、「心は昭和人間」という人もいるかもしれません。

次の10の項目のうち、自分に当てはまるものや同意できるものはいくつありますか。半端に世の中の空気を読んだりせず、ありのままを本音でお答えください。「YES」の数で「昭和人間度」を判定します。

その1「若い後輩や知人から『それって昭和ですね』『うわー、昭和っぽい』と言われたことがある」
その2「昭和40年代後半にデビューした人気男性歌手の『新御三家』の名前を全員言える」
その3「立ち上がるときに『よっこいしょういち』と言ったことがある」
その4「大きな声では言えないが、子どもは3歳になるまで母親の手で育てるのが理想だと思っている」
その5「小さな声でも言えないが、この頃は『セクハラ』や『パワハラ』に厳し過ぎて逆に弊害があると思っている」
その6「大事なお詫びの言葉はメールではなく対面か、せめて電話で伝えるべきだ」
その7「もはやほとんど必要性はなくても、自宅の固定電話を解約する気にはなれない」

その８「アジア諸国から留学していると聞くと、反射的に『豊かな先進国に来た苦学生』という枠組みで見てしまう」
その９「音楽ユニット『ＹＯＡＳＯＢＩ』のメンバーの人数や男女比を知らない」
その10「もちろん自分は昭和人間だし昭和人間で何が悪い、という気持ちだ」

「ＹＥＳ」が８〜10個のあなた……昭和人間度１００％
押しも押されもせぬ昭和人間です。きっと周囲とぶつかったり顰蹙を買ったりすることも多いはず。今のままでよしとするか変わる努力をするか、それはあなた次第です。

「ＹＥＳ」が５〜７個のあなた……昭和人間度70％
まあまあ筋金入りの昭和人間です。若い人との感覚のズレを感じることもまあるでしょう。ズレが亀裂に発展するかプラスの結果を招くかは、ちょっとした心がけ次第です。

「YES」が2～4個のあなた……昭和人間度30％

マイルドで薄めの昭和人間です。かといって油断は禁物。心の奥に眠っている昭和人間要素が、いつどんな形で顔を出すかわかりません。常に警戒を怠らないようにしましょう。

「YES」が0～1個のあなた……昭和人間度5％

見事な平成（or令和）人間です。それはそれでいいんですが、昭和的な価値観を知っておくと、幅広い世代と有意義な付き合いができるでしょう。

何を言っているのかチンプンカンプン[1]（↑最近あまり見ない「昭和ワード」（P57～）のひとつ）な設問もあるかと思うので、少し補足します。

その2の「新御三家」は郷ひろみ、西城秀樹、野口五郎の3人。ちなみに元祖「御三家」は、昭和30年代後半にデビューした橋幸夫、舟木一夫、西郷輝彦の3人。その3の「よっこいしょういち」は、昭和47年にグアム島で発見された元日本兵の横井庄一さんの名前と「よっこいしょ」を掛け合わせたダジャレのこと。その4の「3歳児神話」は、昭和の頃には広まっていましたが、平成の初めごろには完全に否定されました。

その5は、そんなふうに当時を懐かしんでしまうぐらい、昭和の時代は「ハラスメント」が日常的な光景でした（残念ながら）。その6の「お詫び」に関しては、平成人間は「電話は相手の時間を奪うので、お詫びこそメールで」と考えているのかも。その8のように、昭和人間は「日本は先進国でアジア諸国から憧れの目で見られている」という意識をなかなか変えることができません。

その9の「ＹＯＡＳＯＢＩ」は、男女の2人組。活動開始は２０１９（平成31）年で、『夜に駆ける』『アイドル』など多くのヒット曲があります。ま、知っている人には必要ない説明だし、知らなかった人は今後もたぶん縁がないので同じぐらい必要ない説明ですね。

「前期昭和人間」「後期昭和人間」という概念

昭和人間を語る上で気を付けなければならないのが、ひとくちに昭和人間と言っても、大きな幅があるということ。なんせ昭和時代は１９２６年から１９８９年まで足かけ64年もありました。戦時中から高度経済成長期からバブル期から、いろんな時期が含まれています。

トリセツを考えるにあたって、全部をひとくくりにするわけにはいきません。細かく分けるとキリがありませんが、現時点での社会における存在感や立ち位置を考慮して、ひとまず「前期昭和人間」と「後期昭和人間」の2つのグループに分けてみましょう。

グラデーションや個人差があるのは大前提ですが、大阪万博が開催されるなど高度経済成長の絶頂期だった昭和45年を境にして、それ以前に生まれた人（令和6年時点で54歳以上）を「前期昭和人間」、昭和46年以降に生まれた人（同53歳以下）を「後期昭和人間」に分類することにします。「前期よばわりは不愉快だ！」とご立腹の方もいらっしゃるかもしれませんが、あくまで便宜上ですので、なにとぞご海容ください。

生まれ育った時代の違いは、人生観や仕事観、ジェンダー観などに大きな影響を与えているはず。昭和前期と後期で「取り扱い上の注意点」に違いがある場合は、今後のトリセツの中でただし書きを加えることにします。必要に応じて、昭和25年以前に生まれた人（同73歳以上）を「いにしえの昭和人間」とさせてもらうこともあるかもしれません。

「前期昭和人間」と「後期昭和人間」では、どういう違いがあるのか。思いつくままにいくつか挙げてみましょう。

「後期」は物心ついたときからカラーテレビが当たり前だったが、「前期」はテレビの原体験が白黒テレビだったり、家にテレビが来た日を覚えていたりする
「後期」は中高生になっても漫画やアニメが好きだと公言できたが、「前期」が中高生の頃は漫画やアニメ（テレビ漫画 or 漫画映画）は「子どもが見るもの」とされていた
「後期」は昭和62～63年ごろにピークを迎えたバブル景気の実感や記憶はぼんやりとしかない、あるいはほとんどないが、「前期」はその渦中を経験していたり横目で眺めていたりする
「後期」は「経済は横ばいに推移していくもの」と思っていて、「前期」は「経済は右肩上がりに成長していくもの」というイメージを捨て去ることができない
「後期」は子どもの頃から「男女平等」という概念が広がり始めたが、「前期」が子どもの頃は結婚にせよ社会の仕組みにせよ「男尊女卑」がベースになっていた
「後期」が社会人になった頃は「女性の社会進出」が注目され始めていたが、「前期」が社会人になった頃は「女性は働くのは腰かけで家庭に入るのが幸せ」とされていた

「後期」が思春期の頃はそうでもなくなっていたが、「前期」が思春期の頃は「婚前交渉」「傷もの」「女の子のいちばん大切なもの」[2]といった言葉に重みがあった

私たちは、生まれ育った時代の影響から逃れることはできません。ここに挙げた違いはほんの一例ですが、昭和人間について考える際には「前期」と「後期」の違いを意識したほうが、より理解が深まるでしょう。

ただ、書いている私が1963（昭和38）年生まれということもあり、現在60歳過ぎぐらいの世代の話が多くなっています。若かりし頃の体験にせよ現在の心情にせよ、もっともリアルに語れるということで、時に必要以上に熱くなりつつ頻繁に言及してしまいました。違う世代について考える際も、類推するための「叩き台」としてお使いください。

「そもそも『昭和人間』というくくりが気に入らない。世代で分断したいのか！」という意見もあるかもしれません。しかし、昭和に生まれた人は、どう逆立ちしたところで「明治人間」にも「平成人間」にもなれません。昭和に生まれた自分の足元をしっかり見つめること

は、違う世代と深くつながるために必要だし、極めて有効でもあります。枠にはめたいわけではなく、むしろ枠を超えるためとお考えください。

手前味噌に聞こえるかもしれませんが、この『昭和人間のトリセツ』を読むことで、あなたの人生は大きく変わります。

あなたが昭和人間の場合は、自分では理由がわからない人間関係の〝不具合〟が激減し、すっかり面倒臭くなった自分自身と上手に折り合いを付けられるようになるでしょう。周囲の昭和人間に困らされている若者のみなさんも、しばしば発せられる不快な〝異音〟の原因がわかることで、対処法が見つかったり怒りがやわらいだりするはずです。

もちろん、ここに書かれているトリセツで、すべてが解決するわけではありません。これからも試行錯誤は続きますが、まずは一歩目を踏み出すことが大切。トリセツという概念には、それぞれの特性やクセを受け入れながら、どうにかうまくやっていこうという寛容の精神が詰まっています。昭和人間も平成人間も、この本で感じ取った「トリセツ・スピリット」をお伴に、厄介なことが多い人生の旅路をなるべく平穏に進んでいきましょう。

目次

プロローグ　昭和人間という、ややこしくもデリケートな存在　3

第1章「おじさん構文」の謎　25
昭和人間と青春の残り火

「おじさんLINE」に潜む、昭和男性の寂しさと姑息さ　26
絵文字乱用の「俺通信」　おじさん構文の特徴は
なんで若い女性に相手にされると思っているのか
「まだ男として通用する自分」をひそかに確認したい
「おじさんLINE」の歴史的経緯を探る
赤いビックリマークに込められた昭和男性の意図

「おばさん構文」との正しい向き合い方を考える 34
若者にほのかな違和感を与え続ける「おばさんＬＩＮＥ」
絵文字のチカチカは昭和女性の秘めた心のきらめきか
昭和人間のＬＩＮＥはなぜ長文になるのか
「マルハラ」にみる世代間コミュニケーションの難しさ
若者風のＬＩＮＥを装っても、若者扱いされるわけではない
〝お約束〟と下心に満ち満ちていた昭和人間のデート 42
「Hot-Dog PRESS」の恋愛マニュアルを熟読した青春時代
的外れな恋愛アドバイスをする昭和人間の勘違い
観覧車では「A」のチャンスをうかがう……数あるお約束と心得
トレンディドラマでも頻出した「いくじなし」の意味
大きな意味があった「3回目のデート」
「クリスマス」と聞けば、甘酸っぱさとほろ苦さが蘇る 50
昭和人間の男女は目の色を変えて「クリスマス」に取り組んだ

1晩で約15万円を費やすクリスマスデート　その目的は
多くの昭和人間はトラウマやルサンチマンを抱えている
「イブに残業なんて寂しいね」を華麗にスルーする方法
コラム **「ガチョーン」「ドロンします」「許してちょんまげ」**
令和の職場における「昭和ワード」の意外な効用 57

第2章 なぜ昔話が口をついて出るのか
昭和人間の不可解な習性

65
なぜ大昔のことを「ついこのあいだ」のように語るのか 66
昭和人間の「ちょっと前」は若者の「大昔」である
Ｗｉｎｋの『淋しい熱帯魚』は、若者にとっての春日八郎『お富さん』か
60歳の言う「良妻賢母」は若者から見れば「八紘一宇」
「知っていて当然」を押し付けることの危険

20代の頃の出来事は数十年すっ飛ばして記憶される
「日本はすごい国」過去の栄光を忘れられない理由 74
世界第2位の経済大国という強烈な刷り込み
今やドイツにも抜かれてGDPは世界第4位に
「日本の素晴らしさ」でプライドを埋め合わせるのは不毛な悪あがき
バブル自慢は過去のモテ自慢と同じである
「今どきの若者は」と思わずにいられないのはなぜか 82
若者を批判する記事に溜飲を下げてしまう心理
昭和人間が「今どきの若者」だった頃
年齢という「自分が優位に立てる部分」にすがりつきたい
若者批判の動機はたいていロクなものではない
「ちょっといいもの」への幻想を捨て切れない昭和人間の消費の矜持 92
「高い服」が人間をワンランク上に引き上げるという幻想

「50代から60歳前後はバブルでいい思いをしている」はたいてい濡れ衣
若い頃の散財自慢はマウントと捉えられかねない
「コスパこそ正義」は昭和人間の神経を逆なですることも

昭和人間はお酒との「腐れ縁」をなかなか切れない 100
「新歓コンパで酔いつぶれる18歳」が春の風物詩だった時代
お酒離れする若者と、スキあらば缶ビールを開ける昭和人間
「一緒に飲んだほうが距離が縮まる」とやっぱり思っている
ちょっとした違和感はスルーして独自の距離を保つ

「最近のテレビは面白くないよね」と昭和人間に振られたら 108
大事なことも大事じゃないこともテレビに教わった
「今のテレビは面白くない」という愚痴の裏にあるもの
若者の「部屋にテレビがない」話は昭和人間の大好物
「ニュースは偏向してますから」の一言は厄介事になる危険が

第3章 令和の職場と、くすぶる違和感 昭和人間の仕事観 117

今どきの「やさしい働き方」に本音では違和感を拭えない 118
前期昭和人間に刷り込まれた「24時間戦えますか」的仕事観
「自分たちは大変だった」後期昭和人間も一筋縄ではいかない
「過去の自分を肯定して悦に入りたい」願望をまず自覚する
誰も傷つかないやさしい働き方に対する消せない疑問
「昭和人間とハサミは使いよう」と考える

令和のコンプラ社会に感じる〝くすぶり〟はどこから? 126
昭和人間の多くが共感した「不適切よばわり」への違和感
テレビ番組「ブラタモリ」への批判に感じた違和感
誰もがお利口さんにならざるを得ない令和社会のプレッシャー
「髪切ったんだね」は本当にセクハラなのか

「コンプラの威を借る被害者」でいいのか
大きく変わったビジネスマナーと中高年の「既得権益」 133
時代によって大きく変わる「マナーの常識」
「上司の引っ越しの手伝い」は今ではほぼハラスメント
当時から存在した「自分で電話をかけられないおじさん」
男性も女性も、自動的に得ていた「既得権益」は減った
「それはマナー違反だよ」の正しい扱い方
コラム 「いい質問ですねぇ」「どんだけぇ〜」「今でしょ！」昭和人間の使う平成ワードに潜む大きな危険性 142

第4章 男らしさ・女らしさという呪縛

昭和人間とジェンダー 149

他人に「結婚がらみの暴言」を吐く昭和人間の心理とは 150
「結婚して一人前」「独身は訳あり」暴言はどこから生まれるか
結婚至上主義の呪縛から逃れられない前期昭和人間
物分かりのいい大人のフリはかえって逆効果になることも
昭和人間の「結婚しないの?」に対するゆかいな対処法
現状を否定し過去を美化するのは「型落ち」の人間である証拠
ヒンシュク発言を招く「女はこうあるべき」という刷り込み 157
職場で無意識に顰蹙を買う昭和人間の発言
アンコンシャス・バイアスは女性側にも刷り込まれている
「女性ならではの視点」「女子力高い」ホメたつもりが……
違和感は口に出さず心の奥でくすぶらせ続ける
「男はこうあるべき」への呪縛もさまざまな悲喜劇を巻き起こす 165
叱咤激励や弱さアピールの場面で持ち出される「男」の概念
ヒンシュク発言の背景にある5つの原因を考える

「男はこうあるべき」発言の背景はたいていいじましい、と心に刻んでおく
出産と育児に関する発言はたいてい地雷を踏む 172
「次は赤ちゃんだね」「2人目まだ?」危険な3つのセリフ
「3人目！　少子化対策に貢献してるね」もホメ言葉ではない
「保育園なんてかわいそう」「無痛分娩ねぇ……」の危険性
「違う時代で育ったんだから仕方ない」という割り切りも必要
「昭和のゆるい浮気観」が生み出す若者世代との深い溝 180
男の浮気は「仕方がないこと」で、妻は耐えるのが美徳?
夫婦は添い遂げることが大事という価値観の縛り
「はやりの価値観」は幸せな未来を保証してくれるわけではない

第5章 昭和人間は眠れない「老害」にならないために

189

「老害になる昭和人間」「華麗に老いる昭和人間」の違い 190
「自分は若くない」ことを認めることは案外難しい
「まだまだ若いモンには負けない」がもたらす「老害」
飲食店のＱＲコード注文を前にブチ切れる昭和人間の未熟さ
「若さの尻尾」にしがみつくのは得策ではない
会社の中の「老害」にはあの手この手で退場を促す
「みっともない中高年」を生み出すネットという罠 198
昭和人間とインターネットの邂逅がもたらしたもの
誹謗中傷に熱心なのは中高年というデータも
ネットが生み出す「正義過敏症」「批判恐怖症」
なぜ高齢の親は陰謀論にハマってしまうのか
ネットが人間関係にもたらす深刻な悪影響とは
「自分たちは賢いけどあいつらはバカ」の罠

昭和人間がSNSではまりがちな5つの落とし穴 209
いつの間にか昭和人間のスナックと化したFacebook
自慢、逆上、教え魔……Facebookではまりがちな5つの落とし穴
なぜ若者がFacebookから消えたのか

同世代に嫌われる昭和人間、嫌われない昭和人間 217
仕事や子ども自慢、新NISA自慢……同年代に嫌われる5つの話題
自分の価値観は正しい、という危険な思い込み
自慢とアドバイスはすべて封印する
相手の迂闊な発言をスルーして大らかに許し合う

あとがき 「よい大人」を目指して、昭和人間の長い旅は続く 226

注 **知っておかなくても構わない昭和・平成用語集** 232

第1章

「おじさん構文」の謎

【昭和人間と青春の残り火】

「おじさんＬＩＮＥ」に潜む、昭和男性の寂しさと姑息さ

絵文字乱用の「俺通信」　おじさん構文の特徴は

このところしばしば目にするのが「おじさんＬＩＮＥ」「おばさんＬＩＮＥ」という言葉。それぞれに独特の特徴にあふれたＬＩＮＥのことで、「おじさん構文」「おばさん構文」と呼ぶこともあります。またの名を「おじさん」「おばさん」とも言う昭和人間としては、気になったり身構えたりせざるを得ません。

まずは、より早い段階から「あれは迷惑」「あれは気持ち悪い」と問題視されたり笑いものにされたりしてきた「おじさんＬＩＮＥ」について、その傾向と対策とトリセツを考えてみましょう。

「おじさんＬＩＮＥ」が俎上《そじょう》に載せられ始めたのは、５～６年前でした。送る相手は、おも

に大幅に年下の若い女性。少し年下の「相対的に若い女性」の場合もあります。

絵文字や顔文字を乱用する、「！」「？」「!?」も絵文字、相手を「〇〇チャン」と呼ぶなどなれなれしい、語尾が「カナ」「ネ」などカタカナ、下ネタのあとに「ナンチャッテ」、近況報告やひとり語りをマメに送ってくる……などがおもな特徴。

「俺は相手の女性を『〇〇チャン』じゃなくて『〇〇ッチ』と呼ぶ。全部の条件を満たしていないから、自分のＬＩＮＥは『おじさんＬＩＮＥ』には当てはまらない」

と思ったとしたら大間違い。そういうことではありません。問題なのは全体からにじみ出る雰囲気です。

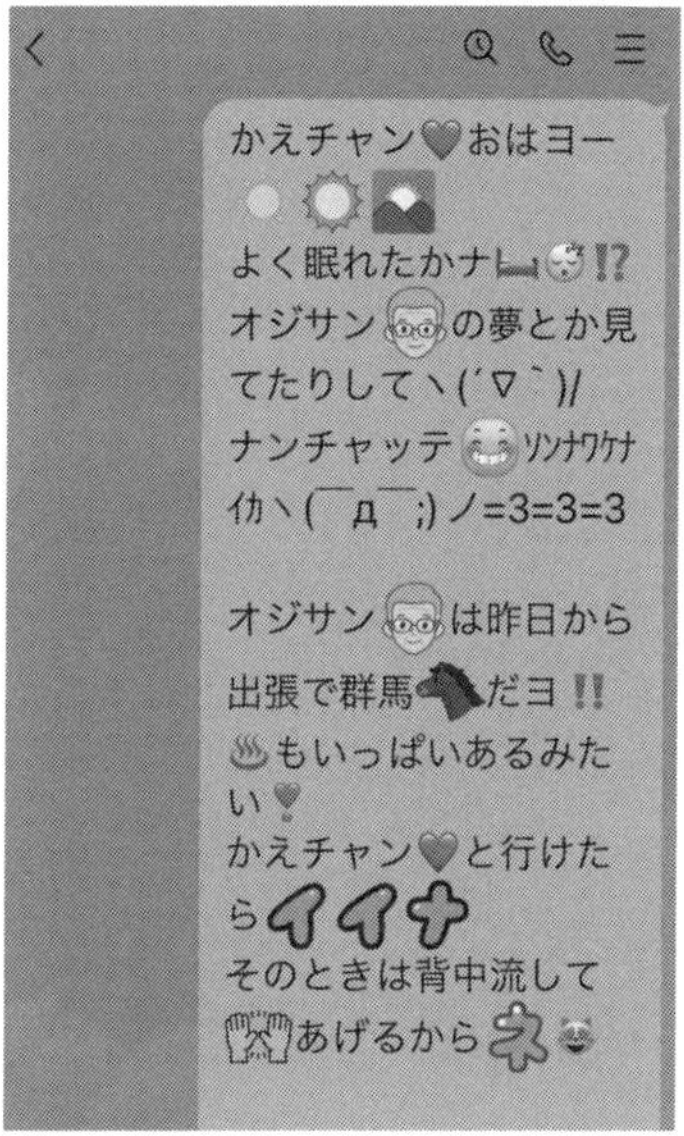

にじみ出る雰囲気に心当たりはないだろうか？

なんで若い女性に相手にされると思っているのか

おじさんの一人としてたいへん申し訳なく思いますが、「おじさんＬＩＮＥ」にはおじさんのずうずうしさや痛々しさや情けなさが凝縮されています。

大量に絵文字や顔文字を使ったり、語尾をカタカナにしたりするのは、「カワイイおじさん」「面白いおじさん」と思ってもらいたい、思ってもらえるはずという無謀な期待と悲しい勘違いがあるから。ちょいちょい下ネタを振って、相手の反応をうかがってしまうのも残念なサガです。

若者のみなさんから見たら、「おじさんのくせに、若い女性に相手にしてもらえると思うこと自体がずうずうしい」と思うでしょう。そのとおりです。そのとおりなんですが、残念なことに多くのおじさんは「自分はまだまだイケる」というセルフイメージを抱いています。

おじさんも20年か30年か40年ぐらい前は、同年代の若い女性にお茶目な一面を見せたり、ちょろっと下ネタを振ったりすることで、時には好感触を得られました。その成功体験を引きずっているが故に、たとえば若い女性に「おじさんＬＩＮＥ」を送って好意的な反応を期待するといった、客観的には「身の程知らず」な行動に出てしまいます。

「まだ男として通用する自分」をひそかに確認したい

そんな事情がベースにあるせいで、おじさんは仕事関係や夜の飲食店関係などで女性にたまに愛想よくされると、たちまち舞い上がって、あの手のＬＩＮＥを送るという〝バグ〟を起こしがち。職場にも家庭にも居場所がなくて、寂しさを拗らせていることが引き金になるケースもあります。

「まだまだ女性と楽しくやり取りできる自分」「まだまだ男として通用する自分」を確認したい気持ちもあるのかもしれません。あらためてこう書くと、居たたまれない気持ちになる実に恥ずかしい構図です。

しかも、たまたま知り合った程度の遠い関係で、たとえ嫌われてもブロックされても実生活に影響がない相手をターゲットにしがちなのが、うっとうしくてしつこい「おじさんＬＩＮＥ」の特徴のひとつ。無意識にせよ意識してやっているにせよ、いかにもおじさんっぽい姑息《こそく》な了見です。

会社の部下や取引先の担当者など、立場的に自分に冷たい態度を取れない相手をターゲットにするケースもありますが、それはセクハラとパワハラが合体したダブルハラスメント以外の何ものでもありません。

家電製品に一定の割合で故障が起きるように、人間には「魔が差す」ということがあります。「自分は大丈夫」という保証はどこにもありません。昭和人間の男性が心に刻んでおきたいのは、誰もが「おじさんＬＩＮＥ」を送るという不具合を起こす可能性を抱えているということ。「おじさんＬＩＮＥ」に凝縮されている情けなくて自分本位な勘違いは、多くのおじさんにとって身に覚えがあるのではないでしょうか。

落とし穴への警戒心を持ち続け、気持ちが弱って「送ってみようかな。あのコなら好意的に受け取ってくれるんじゃないかな」という幻想に基づいた甘い誘惑にかられそうになったら、ネットで「おじさんＬＩＮＥ」がらみの記事を探すのがオススメ。

そこに広がっているトホホ[3]な光景や女性たちの激しい怒り&心からの軽蔑を目の当たりにすれば、たちまち目が覚めて指が止まるはずです。

「おじさんLINE」の歴史的経緯を探る

そのみっともなさを強調するだけでは、おじさんの立つ瀬がありません。「そんなものはなくてもいい」という声もありそうですが、送られた側のダメージを少しでもやわらげるためにも、「おじさんＬＩＮＥ」の歴史的な経緯をたどってみましょう。

昭和人間が顔文字や絵文字を大量に使ってしまうのは、かつて彼らが携帯電話（今で言うガラケー）を使ってメールのやり取りをしていたことと深く関係していると考えられています。「携帯メール」[4]が広がり始めたのは、かれこれ30年近く前。当時、メールの文面に（^_^）（≧▽≦）といった顔文字を盛り込むのは、当たり前のマナーや気遣いでした。

ニッコリ顔やピースサインに代表される絵文字が普及し始めたのは、20年ほど前だったでしょうか。昭和人間の多くは、この「最先端のイケてる機能」[5]に喜んで飛びつきました。絵文字をふんだんにちりばめることはイケてるメールの必須条件であり、絵文字を使いこなすことは「イケてるオレ」をアピールする有効な方法だったと言えるでしょう。

ただし、絵文字が登場してからしばらくのあいだは、キャリアが違うと文字化けしてしまうなど、使いづらい点も多々ありました。徐々に改善されて、種類もこれでもかというほど増えました。そんな状況でスマホが登場して、LINEが普及します。幸か不幸か、LINEでは誰宛てに絵文字を送っても文字化けする心配はありません。

赤いビックリマークに込められた昭和男性の意図

おじさんたちも若かりし頃は「携帯メール」で、恋人や恋人になってほしい人に甘いメッセージを送ったこともあったでしょう。そこでは顔文字や絵文字が大いに活躍しました。おじさんの指先には、顔文字や絵文字を使いまくるという流儀が宿ってしまっています。

かつて絵文字が広まり始めた頃、女性からもらったメールにハートマークが入っていると、若かりし頃のおじさんは激しく胸ときめかせました。もちろん、ただの挨拶みたいなものので深い意味がないことはすぐわかりましたが、絵文字ひとつ、顔文字ひとつで心が揺さぶられた記憶は、おじさんの頭の中に刻まれています。

おじさんがやたらと赤い「!」や「!!」の絵文字を使いたがるのは、その記憶があるからかもしれません。ハートマークを使うのはさすがにはばかられますが、「!」の一部がハートになっている絵文字は、勝手にいろんな意味を込めて使うこともあります。

若者のみなさんにおかれましては、顔文字や絵文字が無駄に多いＬＩＮＥが届いても、歴史的な背景をくみ取って「そういう時代の人なんだからしょうがないか」「そういう習性を持った生き物なんだからしょうがないか」と温かい目で見てもらえるとありがたいです。

目を背けずに絵文字を注視してみよう。ハートマーク形の「！」には特殊な意味が込められているかもしれない

ただ、気をつかって「◯◯さんのＬＩＮＥ、いつもにぎやかで楽しいですね」なんておだてると、すぐ調子に乗ります。必要最小限の返信はするとしても、文面についてはスルーでかまいません。逆に、いちおう便利な関係性や何らかのメリットをキープしておきたい場合は、本人は得意気に打っている「おじさんＬＩＮＥ」をホメれば、間違いなくイチコロです。

もちろん下心丸出しの「おじさんＬＩＮＥ」は、嫌われても軽蔑されても仕方ありません。しかし、そうじゃない場合は「一生懸命に打ってくれたんだな」ぐらいにふんわり受け止めておいたほうが、日々を穏やかな気持ちで過ごせるでしょう。お手数おかけして申し訳ありません。

トリセツまとめ

- 誰もが「おじさんLINE」を送ってしまう可能性を抱えている
- 下心を憎んでLINEの文面を憎まず。顔文字や絵文字に罪はない
- 携帯メールの歴史を踏まえると怒りや憎しみがやわらぐかも

「おばさん構文」との正しい向き合い方を考える

若者にほのかな違和感を与え続ける「おばさんLINE」

「おじさん」とくれば「おばさん」です。ここからは、昨今とみに注目が集まっている「お

ばさんＬＩＮＥ（おばさん構文）」を取り上げてみましょう。

勇気を振り絞って申し上げますが、昭和の終わり頃に思春期以上の年代だった昭和人間の女性は、現時点でもれなく「おばさん」に分類されます。「自分は当てはまらない！」と言い張りたい方は、ご自由にどうぞ。ただ、少なくともこの場では、その呼称は悪い意味ではありません。この先もたくさん出てくる「おばさん」という単語には、たくさんの敬意とエールを込めています。どうかご査収ください。

なぜか前置きが長くなってしまいました。「おばさんＬＩＮＥ」の話に戻りましょう。5〜6年前から話題になっている「おじさんＬＩＮＥ」に続いて、「おばさんＬＩＮＥ」という言葉が聞かれるようになったのは2022年あたりからです。

おばさん同士で「おばさんＬＩＮＥ」を送り合う分には、なんの問題もないし、どうこう言われる筋合いはありません。しかし、若者に送った場合は、その独特な特徴に違和感を覚えられるケースが多いようです。ただ、「おじさんＬＩＮＥ」のように迷惑な下心は基本入っていないので、ちょっと引かれることはあっても、嫌悪や憎悪の目を向けられることはまずありません。むしろほほ笑ましい印象を与えていることもありそうです。

当事者も、おばさんよばわりされて激しく怒っている人も一部にはいますが、大半は「あら、そうかしら。まあ、おばさんだからしょうがないわよね」とおうように受け止めている感じでしょうか。その懐の深さは、さすが年の功……おっと、失礼しました。

絵文字のチカチカは昭和女性の秘めた心のきらめきか

「おばさんLINE（おばさん構文）」の特徴としては、文頭に「あらら」「あら」を使いがち、語尾に「かしら」「だわ」「〜」を使いがち、絵文字や顔文字が多い、「おはよぉ」「げんきぃ？」など「あ行」を小文字にする、栄養状態の心配など「おかんっぽさ」が漂う、文章が長い……などがあります。

絵文字や顔文字が多いところは「おじさんLINE」と同じ。これは携帯電話（ガラケー）を使っていた頃の習慣が染みついているから、という見方が有力です。思いを寄せるあの人に、絵文字や顔文字を駆使したメールを送ったこともあったでしょう。やり取りのツールがLINEに代わっても、一度染みついた習慣や意識は、そう簡単には変わりません。

「おばさんLINE」にあふれている絵文字や顔文字には、おばさんの甘酸っぱい思い出がギュッと詰まっています。絵文字のチカチカは、おばさんの心の中にある若々しさのきらめきと言ってもいいかもしれません。そういう目で見れば、必要以上の絵文字や顔文字が、なんだか愛おしく見えてくるのではないでしょうか。

文頭の「あらら」や語尾の「かしら」などは、当たりをやわらかくしたいという気づかいの表れ。「あ行」を小文字にするのは、20年ほど前に一世を風靡したギャル文字文化の影響だとする声があります。さらに時代を遡りますが、言葉の端々にカワイイ自分を強調してしまう「ぶりっ子の呪縛」を感じてしまうのは気のせいでしょうか。いや、いいんですけど。

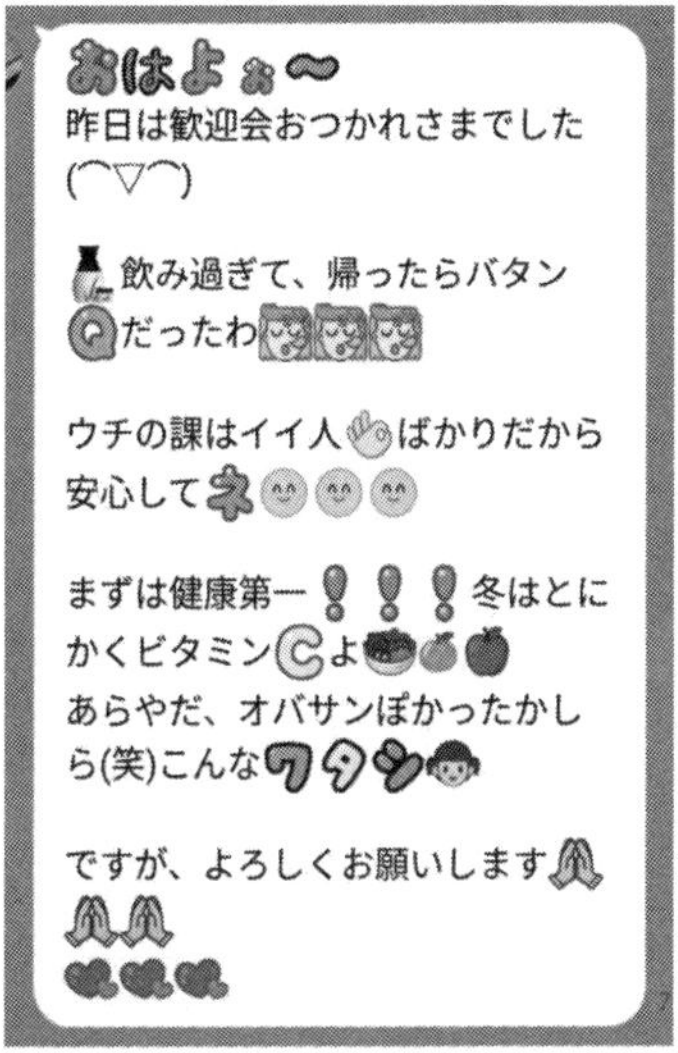

目がチカチカするほど大量の絵文字に、
昭和女性の青春のきらめきが垣間見える

「おかんっぽさ」が漂うのは、おばさん世代が育った時代の女性像や男女の役割分担の刷り込みがどうのこうのとか、そのへんの文化的な背景が関係しているかもしれません。ひとつ間違えると、表面をなでた屁理屈で人様の価値観や人間性にケチを付ける痛い活動家みたいな言い種になってしまいそうなので、このぐらいにします。

おばさんが発揮してしまう「おかんっぽさ」は、決して非難されるようなことではありません。おばさんの知性や包容力や気配りの細やかさが遺憾なく発揮された、ひじょうに素晴らしい持ち味です。あくまで、度を越さなければですけど。

まずは健康第一❗❗❗冬はとにかくビタミンⒸよ

「おばさん LINE」を注視すれば、その結びには相手の体調を気遣う一言が高い確率で添えられている

昭和人間のＬＩＮＥはなぜ長文になるのか

受け手をいささか困惑させるのは「文章が長い」という点でしょうか。昭和人間はおばさんもおじさんも、ＬＩＮＥの文章が長くなる傾向があります。

これはパソコンメールの文化を引きずりながらＬＩＮＥを使っているから。冒頭に「今日は寒いですね」や「先日はお世話になりました」といった挨拶を入れたり、ひとつのメッ

セージにいくつもの情報や話題を盛り込んだりしがちです。

いっぽう若者は、LINEを会話の延長だと捉えているので、1行か2行の短いセンテンスで、伝えたいことや聞きたいことを書きます。それが当たり前になっているのに、いきなり長いメッセージが届いたら、何をどう答えていいか悩んでしまうでしょう。「重い（≒ウザイ）」と感じるケースもあるようです。

だからといって、自分の流儀を変えるのはリスクが大きいかも。若者向けに無理して短い文面にすると、要点を外した意味不明のLINEになりそうです。重いわけじゃなくて丁寧に書いているんだという意図は、若者にもなんとなく伝わるに違いありません。ダラダラと長くなり過ぎなければ、さほど気にしなくていいのではないでしょうか。

「マルハラ」にみる世代間コミュニケーションの難しさ

「おばさんLINE」「おじさんLINE」とはまた別の話として、2024年前半に「マルハラ」という言葉が大きな話題になりました。若者のあいだでは「文章の最後にマルが付いてると、怒っているように感じる」という声があるとのこと。

たとえば、若い部下に資料の作成を頼んで、「何時ごろにできそうですか?」という完成時間を確認するLINEを送ったとします。部下から「17時には」と報告され、それに対して「了解しました。」と返した場合、相手は「あれ? 遅いって怒ってるのかな……。でも、今日中って言われてたんだけどな……」と不安になってしまいかねません。

送った側の昭和人間にはぜんぜんそんなつもりはないのに、文末のマルに怒りのニュアンスを読み取る若者がいるとのこと。それこそ会話の延長としてLINEを使っている世代にとって、文末のマルは付ける意味がない無駄なものでしかありません。見慣れないマルが付いていることで、そこに何か意味があるのではないかと疑心暗鬼になるようです。

だからといって、昭和人間が若者の流儀に合わせて「。」を禁じ手にする必要はありません。昭和人間は「そう受け取られる可能性もあるらしい」ということを頭の片隅に置いておけば十分だし、若者は「そんなつもりじゃないらしい」ということを知っておけば、余計な気を回しておびえずに済みます。

幸いなことに「マルハラ」が話題になったおかげで、若者にも「そのマルに意味はないから、気にしなくていい」という認識が広まりました。「。」をつけてもいいものかどうか、毎回悩んでいた繊細な昭和人間の方も、どうかご安心ください。

若者風のＬＩＮＥを装っても、若者扱いされるわけではない

そもそも違う世代の相手と、なんの引っかかりもないコミュニケーションが取れるわけがありません。世代による流儀の違いはあっても、お互いに相手を尊重しようという気持ちや、独りよがりな伝え方にならないように気を付ける謙虚さがあれば、きっと大丈夫です。

幻想を追って若者にすり寄ったところで、若者扱いしてもらえるわけじゃなし。大切なのは、冒頭で紹介した「あら、そうかしら。まあ、おばさんだからしょうがないわよね」という開き直り（悟り？）です。

おばさんにおかれましては、これからも楽しく伸び伸びと「おばさんＬＩＮＥ」を送り続けてください。おじさんとしても、うっかり迷惑な使い方をしないように反省すべき点は反省しつつ、引き続きＬＩＮＥを活用していきます。おばさんにもおじさんにも幸多かれ！

トリセツまとめ

- 「おばさんLINEっぽさ」の理由を知れば愛おしさが芽生えるかも
- 無理に若者にすり寄って自分の流儀を変えるのはリスクが大きい
- 「おばさんだからしょうがない」はすべてを肯定する魔法の言葉

〝お約束〟と下心に満ち満ちていた昭和人間のデート

「Hot-Dog PRESS」の恋愛マニュアルを熟読した青春時代

昭和人間の多くは若かりし頃、デートに対して並々ならぬ情熱を燃やし、無限の夢と希望を抱いていました。もし、昨今の若者がその気合いの入りっぷりを目の当たりにしたら、激しくドン引きすることでしょう。自分で思い出しても、「あの頃は、どうかしてたなあ」と、恥ずかしさと甘酸っぱさが入り交じった微妙な気持ちになります。

そう、昭和人間にとって「デート」の三文字は、特別な輝きを放っていました。男性は「Hot-Dog PRESS」（講談社）や「POPEYE」（マガジンハウス）など男性誌のデートマニュアルを熟読し、女性もファッション誌などの「モテ指南」や「デートでの振る舞い方」の記事をチェックして、それぞれにバラ色やピンク色の妄想を膨らませていたものです。

当時だって、恋愛や性的なあれこれに、さほど興味がない人もいたことでしょう。しかし、雑誌もテレビドラマも社会の風潮も、何はさておき恋愛に情熱を燃やせとあおりまくっていました。そんな雰囲気に後押しされて、よっぽどの強い意志で我が道を貫けるタイプ以外は、素直に恋愛にうつつを抜かしていたものです。

デートに対する情熱は、現在40代から50歳前後の「後期昭和人間」も、それより上の「前期昭和人間」も似たり寄ったり。「後期昭和人間」が社会に出た頃はバブルが崩壊した後の時期ですが、若い情熱はそんなことはものともしません。思春期の頃から親しんでいたトレンディドラマの登場人物やシチュエーションに憧れたり部分的に真似してみたりしながら、恋愛に闘志を燃やしていました。

的外れな恋愛アドバイスをする昭和人間の勘違い

令和の若者は、そのへんどうなんでしょうか。「草食男子（草食系男子）」という言葉が広まって、昭和人間を驚かせたり嘆かせたりしたのは、もう15年以上前です。もはや草食であることが当然となり、テンションが低いまま粛々とデートしている姿しか想像できません（偏見）。昭和人間がかつて、下心を全身に充満させていたのとは大違いです。いや、表現方法が違うだけで、きっと今の若者もそれなりに情熱を燃やしてますよね。

昭和人間にとって大切なのは、「デートの常識は昭和と令和では大きく違う」と念入りに肝に銘じておくこと。そうしないと、男性の場合は「男は押しの一手だよ」「部屋に呼んでくれたってことはOKに決まってるじゃない」なんて〝男性にとって都合がいい、いにしえの解釈〟を若者の前で口にして、顰蹙を買ってしまいかねません。

女性の昭和人間が気を付けたいのは「奢られること」の意味合いが、大きく変化していると認識しておく必要があること。「デートに誘っておいて割り勘だなんて、そんなケチ臭い男は問題外よ」「奢ってくれないってことは、あなたを女として見てないのね」といった発言は、誤解に基づいたミスリードである可能性が大いにあります。

観覧車では「A」のチャンスをうかがう……数あるお約束と心得

かつてはあんなに大事だった「デート」ですが、ほとんどの昭和人間にとっては、めっきり縁遠いものになってしまいました。元気だった頃の自分を思い出すべく、昭和のデート事情を振り返ってみましょう。

「オリジナルで選曲したカセットテープ[7]をプレゼント」「綿密にプランを練ったデートコースの下見（それが遠くへのドライブデートだったとしても）」「彼女の自宅に電話したときのお父さんブロック（彼氏の自宅に電話したときに妙にはしゃぐお母さんとの長話）」「デート後のお礼のお手紙（もちろん郵便。しかも可愛い封筒と便せん）」「会う前にこっそりガムをかんでおく」……。

こうしたことに身に覚えのある昭和人間は少なくないはず。今思うと、なんてケナゲだったのでしょうか。「ペアルック」や「おそろいのペンダントに相手の写真を入れる」なんてのも、けっこうメジャーな行為でした。日本の社会全体に「恋愛という覚えたばかりの楽しい行為」に対する浮かれた気持ちが漂っていたのかもしれません。

まだまだ恋愛に不慣れで純情だった男女の背中を押す必要があったからか、「デートのお約束」や「デートの心得」も、たくさん存在していました。

「映画館では頃合いを見計らって手を握るべし」「観覧車では頂上の手前で隣の席に移動し、『A』[8]のチャンスをうかがうべし」「街を歩くときに彼女が自分に近い側の手に荷物を持っていなかったら、手をつないでもいいというサイン」……。

トレンディドラマでも頻出した「いくじなし」の意味

例に挙げたのは男性視点の内容ですが、当時は「男性は隙あらば果敢にチャレンジすべし」という呪縛があったことを感じさせられます。そして、女性の側だって、男性の「果敢なチャレンジ」を期待していなかったとは言わせません。こうした暗黙の了解は、双方が同じ方向性で抱いている分には、デートを盛り上げるスパイスになってくれました。

ただ、それは「お互いに憎からず思っている間柄」であることが大前提。男性側がただやみくもに「デートでは積極的にならなければ」と張り切って、悲しい独り相撲を取ってしまうケースもたくさんありました。相手のことが好きかどうかは二の次で、果敢にチャレンジすることが目的になっていたケースもあったかもしれません。

いっぽうで、ここぞというときに一歩を踏み出す勇気がどうしても出せなくて、いい感じだった相手と距離ができてしまった悲しい思い出を持つ人も多いでしょう（自分含む）。昭和の頃のデートで「いくじなし」と言われたことがある男性や、言ったことがある女性は、それなりにいらっしゃるかと。男女の仲は、つくづく難しいものです。

嘆かわしいのは、令和になった今も、ごく一部の昭和人間の男性が「男は積極的にアプローチすべし」という価値観を引きずって、ちょっと親切にしてくれた女性を戸惑わせている事例をしばしば見聞きすること。若い頃に積極的にアプローチできなかったが故に、歳を重ねて備えたずうずうしさをベースに張り切っているのかもしれません。

「青春を取り戻したい」と思うのは勝手ですが、そのずうずうしいアプローチは、ひとつ間違えると「セクハラ」や「ストーカー」と呼ばれる行為となります。美術館などに出没するという「（女性にだけ）教えたがりの高齢男性」も、ほぼ同類。迷惑で残念なおじさんやおじいさんになっていないか、常に己を客観視することを忘れないようにしましょう。

大きな意味があった「3回目のデート」

昭和における「デートのお約束」のなかには、現在の価値観にそぐわないものも多々あります。とくにギャップが大きいのが、いわゆる「性同意」をめぐる問題。昭和の頃は性行為をストレートに提案したり、同意の言葉を口にしたりすることへの抵抗感が、今よりはるかに強めでした。そこで生まれたのが、さまざまな「暗黙の意志表示」です。

「3回目のデートのときは踏み込んだアプローチをしなければならない（その気もないのに3回目のデートをしてはいけない）」「恋人同士が部屋で二人っきりになったということは、OKと解釈していい」「（さまざまな状況で）『何もしないから』と説得して『絶対に何もしないでね』と言われても、本当に何もしないのは失礼」などなど。とはいえ、実際は例外的な展開のほうがむしろ多かったと思われます。

ほとんどの昭和人間は、そういう暗黙の共通認識がなくなったことを嘆きたいわけではありません。最近の若い人は気の毒だと言うつもりもありません。昭和人間が知らないだけで、今の若者にもきっと「暗黙の意志表示」があるのでしょう。一部、嘆いたり気の毒がったりしている昭和人間もいますが、実害がない限り言わせておいてあげてください。

ただ、今の感覚を基準に当時のデートの〝風習〟を全否定されるのは、いささか不本意という気持ちはあります。正しいとか正しくないとか、(いくらデートつながりでも)アップデートがどうとかという話ではありません。背景や歴史の流れを無視して、昭和という時代や昭和人間に気安く「野蛮」のレッテルを貼るのは、それこそ相手を無闇に攻撃したいだけの野蛮な行為ではないでしょうか。

「デート」が心躍る特別なイベントであるのは、きっといつの時代も同じ。それぞれのお作法と感覚で、存分に楽しみましょう。昭和人間も負けてはいられませんが、残念ながら大半の昭和人間に、そういう情熱や行動力はもうありません。残り火を大事にしながら、ささやかに夢を追っていきます。なんだか寂しい締めになってしまいました。

トリセツまとめ

- 昭和の若者は呆れるぐらいデートに情熱を燃やしていた
- 昔のデートの常識を口にするのは危険。実践するのは論外
- 今の感覚を基準に当時の〝風習〟を否定されるのは不本意

「クリスマス」と聞けば、甘酸っぱさとほろ苦さが蘇る

昭和人間の男女は目の色を変えて「クリスマス」に取り組んだ

昭和人間は「クリスマス」という単語を目にすると、甘酸っぱい思い出やほろ苦い思い出が脳内をめぐります。その青春時代は、クリスマスをめぐる夢や希望や邪念に翻弄された日々だったと言っても過言ではありません。

イブにプレゼントを枕元に置いてくれるサンタクロースは、現在60代の昭和人間が子どもの頃には、既に片田舎にも存在していました。ただ、大人のあいだで「正体」を隠しておこうという意識は薄めで、「わーい、サンタさんが来た！」と喜んでいる子どもに向かって、母親が「ちゃんとお父さんにお礼を言うのよ」などと言ったものです。

家に電飾付きのクリスマスツリーを飾ったり、バタークリーム[9]で彩られたクリスマスケーキを食べたりといったクリスマスのイベントも、高度経済成長が進んだ昭和40年代には、日本全国の子どもがいる家庭のあいだで広まっていきました。

その頃に子ども時代を過ごした昭和人間は、昭和50年代後半から60年代に若者時代を迎えます。やがて迎える「バブル」に向けて、世の中が浮かれて調子に乗っている頃です。当時のクリスマスは、家族でほのぼの楽しむイベントから、本能に突き動かされた善男善女が目の色を変えて取り組むイベントになっていました。

若かりし頃の昭和人間が、男女ともにクリスマスに向かっていかに情熱を燃やしていたか、平成生まれの若者にはピンと来ないかもしれません。仮に「へえー、そんなに一生懸命だったのか」とイメージしたとして、少なくともその10倍は一生懸命でした。

この先は、個人的な体感や恨みつらみを多めに盛り込みつつお届けしています。そういうことで、多少の筆の滑りは苦笑いでスルーしてください。

1晩で約15万円を費やすクリスマスデート　その目的は

断言しますが、クリスマスがカップルの祭典に変貌するきっかけになったのは、松任谷由実が歌った『恋人がサンタクロース』です。この曲を収録したアルバム『SURF&SNOW』の発売は1980（昭和55）年12月。たちまち大ヒットして、街には「恋人が～」というユーミンの歌声が流れまくります。当時お年頃だった昭和人間たちは、「そうかサンタクロースは、お父さんじゃなくて恋人でもいいんだ」と気づいてしまいました。

その後、1988（昭和63）年にはJR東海が「クリスマスエクスプレス」キャンペーンを始めます。クリスマスに新幹線に乗って恋人が会いに来るとかどうとか、そういう内容のCMのバックには山下達郎が歌う『クリスマス・イブ』が流れていました。

トレンディドラマでは着飾った男女がクリスマスデートに繰り出し、若者雑誌では「クリスマスデートのノウハウ」が念入りに特集されます。そんなこんなで、当時の若者は「クリスマスは恋人と過ごすのがナウなヤングの必須条件」と思い込んでいました。

クリスマスデートの定番とされていたのは、フレンチのディナー（2人で4万～5万円）→夜景の見えるバーで一杯（2人で1万～2万円）→彼女へのプレゼントにティファニーのオープンハート[10]（2万～3万円）→シティホテルに宿泊（5万～6万円）といったプラン。クリスマス前にはデパートのティファニーの店舗に男性客が押し寄せました。

右に書いたようなデートをしようと思うと、ざっと15万円ぐらいかかります。当時の若者がリッチだったわけではありません。普段はカップラーメンをすすってお金を貯めるなど、努力と我慢を重ねて、クリスマスというハレの日に備えました。

非日常的な舞台装置でオブラートに包んでいますが、男女ともに最大の目的は、いわゆる「C」です。まだまだ純情だった昭和の若者（とくに女性）にとって、クリスマスは一歩を踏み出すかっこうの「口実」でした。チャンスをつかもうと男性たちはケナゲに頑張りました。その情熱を誰が笑えるというのでしょうか。

多くの昭和人間はトラウマやルサンチマンを抱えている

ただし、絵に描いたようなクリスマスデートを成し遂げられたのは、ごく一部です。シティホテルの客室数だけ見ても、野望を抱く男女の数と比べたら数パーセント、いやもっと少ないでしょう。いつの時代も何においても、夢と現実には大きなギャップがあります。大多数の若者の夢と野望は聖なる夜の闇にむなしく吸い込まれていきました。

翌年もそのまた翌年もクリスマスはありましたが、「下剋上」が起きたケースはごくまれ。すなわち大多数の昭和人間にとって、若かりし頃のクリスマスの思い出には、ほろ苦さがくっついています。甘い思い出がくっついている昭和人間もいるでしょうけど、ほろ苦くたってそれはそれで十分にすてきな思い出なので、悔しくなんかありません。

昭和人間同士で若かりし頃のクリスマスの思い出を語り合うときは、いかに必死に取り組んで、無駄な努力を重ねたかを競い合うのが楽しそうです。大願成就を果たした思い出を話す場合は、ウソでもいいから失敗談の流れにしたほうが盛り上がるでしょう。羨ましいだけの話を平気でするタイプは、確実に嫌われます。まあ、そっち側の人同士なら問題ないのかもしれませんけど。

若者におかれましては、昭和人間の多くはクリスマスに対して、トラウマやルサンチマンがあると理解してあげてください。昨今の若者がクリスマスに対して、それほど情熱を燃やしていないという話は、しばしば耳にしています。しかし、昭和世代は今もなお「クリスマスはカップルで過ごすもの」という思い込みから脱することができていません。

「イブに残業なんて寂しいね」を華麗にスルーする方法

そんな影響で、クリスマスの夜に残業している部下に対して、慰めるつもりで「クリスマスなのに仕事だなんて寂しいねえ」なんてピントがズレたことを言ってしまったりしそうです。もしかしたら、クリスマス前に「クリスマスは恋人とデートかな?」と聞いてくる不用意で大胆過ぎる上司も、まだどこかに生息しているかもしれません。

間違いなく大きなお世話であり、立ち入り過ぎているセリフです。反応としては、冷たい口調で「わざわざクリスマスにデートなんかしませんよ」と言ってやるぐらいでかまいません。ただ、ちょっと悲しい背景を持つ刷り込みが言わせていることにも思いを馳せて、広い心でスルーしてあげていただけると幸いです。

父親や母親が昭和40年プラスマイナス5年ぐらいの生まれの場合は、若い頃のクリスマスの思い出を聞いてみるのも一興。甘い思い出があれば自慢になるし、ほろ苦い思い出だったとしても、頑張った自分を思い出させてあげられます。母親が父親に「あら、私も聞いてみたいわ」なんて言って、父親が困った顔をするという味わい深い展開もあるかも。今年のご両親へのクリスマスプレゼントは、これで決まりですね。

トリセツまとめ

- 若き日のクリスマスの思い出は、ほろ苦くてもすてきな宝物である
- どんな種類の〝武勇伝〟を語るにせよ、笑ってもらってナンボ
- 昔からの刷り込みが言わせているセリフは広い心でスルーしよう

コラム

「ガチョーン」「ドロンします」「許してちょんまげ」令和の職場における「昭和ワード」の意外な効用

「お会いできるなんて。感謝感激雨あられです！」
「いやいや、その手は桑名の焼きはまぐりですよ」
「あーあ、骨折り損のくたびれもうけだったなあ」

昭和の時代は、日々の生活やビジネスの場面で、この手の言い回しが盛んに活用されていました。しかし令和の今は、昭和人間ですらほとんど使いません。

じつにもったいない話です。上の３つのセリフを伝統的な表現抜きで言ったら、「お会いできてうれしいです」「その手には乗りませんよ」「利益が出なかったなあ」という感じでしょうか。一気に味気なくなるし、込めたいニュアンスも伝わりません。

ここで言う「昭和ワード」は、ことわざや慣用句も含めて、昭和に広く活用されていた言葉という意味です。昭和に生まれた言葉や流行語だけではありません。昭和人間の頭の中には、かつてはよく耳にしたり使ったりしていたけど、いつの間にか忘れている「昭和ワード」がしこたま詰まっています。

ある程度年齢を重ねた今こそ、昭和ワードを積極的に繰り出しましょう。表現の幅や奥行きが広がると同時に、若者に対しては昭和人間としての貫禄や知性らしきものを示すことができます。年上の昭和人間からは「おっ、やるな」と一目置いてもらえるし、同年代の昭和人間同士の場合は連帯感や絆が強まるに違いありません。

声に出して使いたい昭和ワード10選

多種多様な「昭和ワード」の中から、今日から使いたい選りすぐりの10の言葉を独断と偏見でピックアップしてみました（「選りすぐり」「独断と偏見」も、けっこう昭和ワードですね）。日常的にあまり聞かれなくなっているからこそ、ほどよい昭和感が醸し出されて、それぞれの持ち味もさらに発揮されます。

「うわー、驚き桃の木山椒の木だよ」

予想外の結果を称賛したいときなど。心からの祝福の気持ちを念入りに表現できる

「お先にドロンします」

なるべく角を立てずに飲み会を先に抜けたいときなど。残念な気持ちと帰宅への固い決意を表現できる

「理屈と膏薬《こうやく》はどこにでも付くからなあ」

妙な屁理屈で説得してくる相手をあしらいたいときなど。底の浅い理屈へのウンザリ感を表現できる

「よし、あとは野となれ山となれだ」

手こずった資料や原稿を完成させて送信した瞬間など。こうつぶやくことで深い達成感を味わうことができる

「君にとってはお茶の子さいさいだと思うけど」

ちょっと面倒な仕事を頼みたいときなど。相手のプライドをくすぐって張り切らせることができる

「許してちょんまげ」

軽い謝罪の気持ちを示すときなど。お互い、深刻にならずに済むという効果がある。もちろん、本気の謝罪をする場面ではNG

「焼けぼっくいに火がついちゃったわけだね」

元カレや元カノと復活したという話を聞いたときなど。冷やかしつつも祝福の気持ちを伝えられる

「恐れ入谷の鬼子母神《きしもじん》だね」

仕事の出来や料理の味を賞賛するときなど。期待以上だった気持ちや心からの敬意を表現することができる

「下手の考え休むに似たりだよ」

あれこれ悩んでいる人に決断を促したいときなど。ただし、上司など目上の人には使えない

「そんなバナナ」

意外な話や返答を聞いて驚いたときなど。ちょっと不満だったり抗議したい気持ちがあっ

たりするニュアンスを軽めに表現できる

ほんの一例ですが、昭和ワードに触れてそれぞれのニュアンスを思い出すことで、あらためて昭和ワードの雄弁さを認識していただけたかと存じます。

「当たり前だのクラッカー」を使えばドヤ顔もスマートに

昭和ワードの底力は、こんなもんじゃありません。本音をオブラートに包んで表現したいときには、大昔の流行語がオススメです。

自分にばっかり仕事を押し付けやがって、という不満を表明したいときは、先代の林家三平さんっぽく「たいへんなんすから、もう」と言ってみましょう。ホメられて「そのぐらい当然だよ」とドヤ顔したいときは「当たり前だのクラッカーだよ」、意外な決定を聞かされて驚きと不満を示したいときは「ガチョーン」と言えば、何となく気持ちは伝わります。それぞれの由来や適切なポーズなどは、興味があれば調べてみてください。

また、一部の昭和ワードには、昭和人間が心に刻んでおきたい教訓が詰まっています。「蓼《たで》食う虫も好き好き」は、好みは人それぞれであることをお互いに許容し合おうという精神に基づいた言葉。どんな人にだって自分を好きになってくれる人は現われるはずだ、「自分らしさ」というものにもっと自信を持っていいんだという励ましの意味を読み取ることもできます。まさに、多様性を尊重する大切さを教えてくれていると言えるでしょう。

「上を見ればきりがないよ」は、自分と人を比べてコンプレックスを覚える無意味さや、闇雲な上昇志向のくだらなさを教えてくれています。このフレーズがあまり聞かれなくなったから、心の中で妬み嫉《そね》みを暴走させる人が増えたのかもしれません。

中年や初老と呼ばれる年代になって「もう自分も若くないなあ」としょんぼりした気持ちになったときは、「四十、五十は鼻垂れ小僧」という言葉を自分に言い聞かせましょう。人間として本当に一人前になるのは、まだまだ先だという意味です。

若者が昭和ワードを繰り出すのもオツなもの

若者のみなさまにおかれましては、昭和ワードをうれしそうに使っている昭和人間や、古臭いとしか感じられない昭和ワードをどう取り扱えばいいのか。

昭和人間の上司や先輩が、若者である自分が持っているカバンを見て「おっ、ハイカラだね」とホメてくれたとします。その「ハイカラ」は、言った当人は冗談というかシャレというか、あえて古臭い言葉を使った可能性が大。しかし、若者はごく自然に出てきた言葉だと思いがちです。

ウケ狙いで昭和ワードを使っているのに、完全にスルーされて普通に「ありがとうございます」しか言ってもらえなかったら、昭和人間としては寂しい限り。「ハイカラってすごい表現ですね」「ハイカラって超久しぶりに聞きました」ぐらいのことを言ってあげると、「いやいや」などとテレながら心の中でガッツポーズをするはずです。

ほかにも、昭和人間がP58～60で紹介した「選りすぐりの10の言葉」のような古臭い言葉を使ったときは、もし気持ちに余裕があったら、少し笑ったり「それ、どういう意味ですか？」と尋ねたりしてあげてください。きっと喜ばれます。

昭和人間に向かって、若者が「平気の平左《へいざ》ですよ」「今日はよんどころない事情で」といった昭和ワードを繰り出してみるのも、なかなかオツなもの。昭和人間が昭和ワードを使うと

「年寄り臭く見える」というリスクがあります。しかし若者が使う分には、えも言われぬ面白みがにじみ出るだけで、年寄り臭さを感じさせることはありません。

手始めに、これまでに出てきた昭和ワードから、気に入ったものを身近な昭和人間に向けて使ってみましょう。間違いなく心を揺さぶることができるでしょう。ただし、あんまり詳しくなり過ぎると、相手は「しゃらくさい」と感じてヘソを曲げてしまうかも。扱いづらくて、どーもすいません。おあとがよろしいようで。チャンチャン。

第2章

なぜ昔話が口をついて出るのか

【昭和人間の不可解な習性】

なぜ大昔のことを「ついこのあいだ」のように語るのか

昭和人間の「ちょっと前」は若者の「大昔」である

「降る雪や明治は遠くなりにけり」

誰もが目や耳にしたことがある有名な俳句です。戦前から戦後にかけて長く活躍した俳人、中村草田男が詠みました。この句が生まれたのはいつ頃でしょうか。何となく、明治が終わってから50年後ぐらいかな……と思うかもしれません。

じつは、この句が生まれたのは1931（昭和6）年のこと。明治が終わったのが1912年なので、まだ20年後ぐらいです。しかも、おじいさんが詠んだ句ではありません。30歳になる直前に母校の小学校を久々に訪ねたとき、雪が降り出したら外套を着た子どもたちが校庭に現れ、着物に下駄だった自分の頃との隔たりを感じたのだとか。

昭和に当てはめると、２００８（平成20）年ごろに30歳の若者が、キッズケータイを使いこなしている子どもたちを見て、「昭和は遠くなりにけり」としみじみしているのと同じです。さらに時が流れて、２０２４（令和６）年の今は昭和が終わって35年が経ちました。昭和はどんどん「遠く」なっています。

しかし、昭和人間の感覚では、ぜんぜんそうではありません。60歳の前期昭和人間は20代半ばで、50歳の後期昭和人間は中学生の頃に平成を迎えました。60歳の場合は十分に、50歳でもそれなりに物心ついていたせいか、昭和は「ついこのあいだ」という感覚です。いわんやもっと年上のいにしえの昭和人間をや。

平成生まれの若者のみなさんにとっては、もちろんそうではありません。昭和は、遠いどころか未知の領域です。昭和人間にとっての「戦前」に似ているかもしれません。あらためて昭和の遠さを確認し、若者のみなさんに昭和の話題を振ることや、昭和の価値観を持ち出してくる危険性に思いを馳せてみましょう。

Winkの『淋しい熱帯魚』は、若者にとっての春日八郎『お富さん』か

60歳の昭和人間が、何かの拍子に久しぶりにカラオケに行ったとします。そこで、たとえばWinkの『淋しい熱帯魚』、田原俊彦の『ごめんよ涙』、竹内まりやの『シングル・アゲイン』あたりを歌ったとしましょう。昭和人間にとってはなじみ深い曲であり、何なら「ちょっと前のヒット曲」という感覚です。

この3つの曲は、どれも1989（平成元）年にヒットしました。今から35年前、60歳の昭和人間が25歳の頃です。万が一、その場に25歳の若者がいたとしたら、こうした曲をどのぐらい古臭く感じるのか。

自分が25歳に戻ったとして、同じ35年分さかのぼった時代のヒット曲を見てみましょう。1989－35＝1954（昭和29）年を代表するヒット曲は、春日八郎の『お富さん』です。そのほか、岡本敦郎の『高原列車は行く』、美空ひばりの『ひばりのマドロスさん』などがヒットしました。うーん、これは古くて遠い。

50歳の昭和人間が25歳だった1999（平成11）年にヒットしたのは、宇多田ヒカルの

昭和人間の青春の曲は、
若者にとっていにしえの曲である

2024年時の年齢	25歳当時のヒット曲	「現在の年齢から25歳まで」と同じ年数をさらに遡った当時のヒット曲
40歳	いきものがかり『**YELL**』、B'z『**イチブトゼンブ**』、嵐『**Believe**』等（2009年）	中島みゆき『**空と君のあいだに**』、広瀬香美『**ロマンスの神様**』、Mr.Children『**innocent world**』等（1994年）
50歳	宇多田ヒカル『**First Love**』、速水けんたろう＆茂森あゆみ『**だんご3兄弟**』、モーニング娘。『**LOVEマシーン**』等（1999年）	殿さまキングス『**なみだの操**』、小坂明子『**あなた**』、フィンガー５『**恋のダイヤル6700**』等（1974年）
60歳	Wink『**淋しい熱帯魚**』、田原俊彦『**ごめんよ 涙**』、竹内まりや『**シングル・アゲイン**』等（1989年）	春日八郎『**お富さん**』、岡本敦郎『**高原列車は行く**』、美空ひばり『**ひばりのマドロスさん**』等（1954年）
70歳	さだまさし『**関白宣言**』、西城秀樹『**YOUNG MAN**』、ジュディ・オング『**魅せられて**』等（1979年）	小唄勝太郎・三島一声・徳山璉『**さくら音頭**』、中野忠晴とコロムビア・ナカノ・リズム・ボーイズ『**山の人気者**』、東海林太郎『**赤城の子守唄**』等（1934年）

※前年にリリースされた曲を含む

『First Love』、速水けんたろう&茂森あゆみの『だんご3兄弟』、モーニング娘。の『LOVEマシーン』などです。

同様に当時50歳の昭和人間が25歳だった1974(昭和49)年、つまり現在の50歳が生まれた年にヒットしたのは、殿さまキングスの『なみだの操』、小坂明子の『あなた』、フィンガー5の『恋のダイヤル6700』など(いずれも発売は前年)。さっきの60歳の昭和人間の例よりはマシですが、十分に古くて遠い感じがします。

60歳の言う「良妻賢母」は若者から見れば「八紘一宇《はっこういちう》」

世の中の大きな出来事の見え方はどうか。60歳の昭和人間が6歳のとき(1970年)に、大阪の吹田市で「日本万国博覧会」が行われました。王貞治が本塁打756号を打って世界最高記録(当時)を樹立したのは、13歳のとき(1977年)で、ソニーから初代ウォークマンが発売されたのは15歳のとき(1979年)です。

25歳の若者から見ると、どのぐらいの遠さを感じる「昔話」なのか。60歳の昭和人間が25歳のときの60歳のおじさんおばさんは、1929(昭和4)年生まれ。7歳のときに「二・

二六事件」があり、12歳のときに「太平洋戦争」が始まります。戦争が終わったのは16歳のときでした。

仮に、60歳の自分が25歳の若者に「いやあ、私たちが中学生の頃には、王貞治のホームラン記録で盛り上がってね」という話をしたとしましょう。自分が若い頃、おじさんおばさんの口から「自分たちが中学生の頃は太平洋戦争の真っただ中でねえ」といった話題が出ると、神妙に聞きつつも「遠い昔の話だなあ」と感じていました。今の若者は、王貞治のホームラン記録や初代ウォークマンの話題に対して、同じ感覚を抱くことでしょう。

「頑固親父」とか「良妻賢母」といった昭和の価値観も、評価はさておき、その響きは昭和人間にはけっこう〝身近〟です。しかし、若者にとっては〝過去の遺物〟でしかありません。50〜60代の昭和人間から見た「忠君愛国」や「八紘一宇」みたいなものです。

「知っていて当然」を押し付けることの危険

数字が多めで、しかも話が昔と今を行ったり来たりして、わかりづらかったかもしれません。つまるところは「自分たちにとっての昭和は『ついこのあいだ』だけど、若者にとっての昭和は、こっちが想像する以上に『はるか遠い昔』である」という話です。

十分にわかっているつもりでも、ついうっかり、

「えーっ、田原俊彦の『教師びんびん物語』知らないの？」

などと言ってしまうのが、昭和人間の悪い癖。

若者にとっての「教師びんびん物語」（1988年）は、60歳の昭和人間に当てはめると、1952~53年にラジオドラマや映画で人気を集めた「君の名は」と同じようなものです。


いや、けっして「昭和人間は、若者に対して昭和の話題を封印しよう」と言いたいわけではありません。慎みたいのは若者に対して、同世代で話しているときのように「このぐらい知っていて当然」という前提を押し付けること。最初から「大昔の話だから知らなくて当然なんだけど」という流れで、こういうことがあった、最近の出来事とこんなつながりがある……といった話をする分には、深刻な害はないでしょう。

20代の頃の出来事は数十年すっ飛ばして記憶される

とはいえ、必然性もなければとくに学べる要素もない昔話は、聞かされる若者にとってけっして楽しいものではありません。求められない限り、進んで切り出さないほうがよさそうです。

「いやいや、若者だって昔の話をけっこう楽しんでくれているし、それなりに役に立つと言ってくれているよ」と認識しているとしたら、これまで接してきた若者に感謝しましょう。「よくできた若者」ばかりの恵まれた環境だったと推察されます。

若者のみなさんは、周囲の昭和人間が昭和の出来事や思い出を「ついこのあいだ」のように語ることに対して、常々疑問や違和感を覚えていたことでしょう。昭和人間は、50代にしても60代にしても、20代の出来事は途中の20〜30年をすっ飛ばして記憶されています。経過した年月の長さを認識していないように見えるのは、そのため。よかったら、人間の記憶の身勝手さを面白がりながら、たまには昔の話を聞いてもらえたら幸いです。

面倒臭いときは「はあ、それは私たちにとっては明治維新の頃のエピソードに近い感覚ですね」ぐらい言ってやってください。あんまりやさしくし過ぎると調子に乗るので、適当にあしらってくれてけっこうです。いろいろ悟った昭和人間は、同年代しかいない場でしか昔話をしなくなりますが、それはそれで本人は楽しいので問題ありません。

トリセツまとめ

●昭和を「ついこのあいだ」と感じるのは昭和人間のバグ
●若者にとっての昭和は、昭和人間にとっての戦前と同じ
●昔話を適当にあしらうことは昭和人間の成長につながる

「日本はすごい国」過去の栄光を忘れられない理由

世界第2位の経済大国という強烈な刷り込み

人は「過去の栄光」が、なかなか忘れられません。そして、漠然と抱いている「セルフイメージ」は、最も輝いていた時期をベースにしがち。今は「セルフイメージ」から遠くかけ離れているとわかってはいても、素直に認めるのは至難の業です。

いや、個々人の過去と現在の話ではありません。確かに昭和人間は、自分自身に関しても「セルフイメージ」と実態とのギャップを折に触れて感じさせられています。微妙に重なる話かもしれませんが、ここで考えたいのは、「日本」という国に対する認識について。「世界の中の日本」をどうイメージしているかは、昭和人間と若者のみなさんとの間に、大きなギャップがあると言えるでしょう。

現在60代ぐらいの前期昭和人間にとっての「世界の中の日本」は、バブル期のイメージを引きずっています。世界有数の経済大国で、勤勉さではどこにも負けない国で、欧米先進国から一目置かれていて、アジアのリーダーとして周辺諸国に「憧れ」を抱かれていて……。もちろん、現状はぜんぜんそうではありません。昭和人間も「最近は違うらしい」と気づいています。しかし、染みついたセルフイメージは、なかなか変えられません。

昨今は繁華街でも観光地でも、外国から観光にやってきたと思われる家族連れやグループをたくさん見かけます。ある時、同年代の友人（60代）と一緒に繁華街を歩いていたら、アジア系の外国人の若者グループとすれ違いました。それぞれ大きなスーツケースを引きずっています。友人は振り返って彼らの背中を見ながら、「みんなで日本に旅行に来るなんて、若いのにけっこうお金持ちなんだね」と感心した口調でつぶやきました。

もちろん、悪気も他意もありません。友人の中では「貧しい（と見ている）国から、日本という金持ち（と見ている）の国に来るのは、とても贅沢なことに違いない」という認識があるのでしょう。しかし、その認識は完全に過去のものです。しかも、かなり失礼です。私は「お金持ちじゃないから日本に来たのかもしれないよ」と返して、今の日本は「激安な国」なんだという話をしましたが、あんまり伝わっていない感じでした。

前期昭和人間が子どもの頃や若い頃、いわゆる高度経済成長の時期の日本は、まさに「飛ぶ鳥を落とす勢い」という言葉がピッタリでした。ＧＮＰ（国民総生産）で西ドイツ（当時）を抜いてアメリカに次ぐ世界第2位になったのは、１９６８（昭和43）年のこと。現在60歳以下ぐらいの昭和人間は、物心ついた頃から「日本は世界第2位の経済大国」と思って生きてきました。

１９９０年代にはバブルが崩壊して、それから長いあいだ、後に「平成不況」と呼ばれるパッとしない時代が続きます。しかし、平成に入ってしばらくは、誰もが「日本経済はまたすぐに持ち直すはず」と思っていました。前期昭和人間だけでなく、後期昭和人間にも「日本は豊かな国」というイメージは十分に刷り込まれていると言えるでしょう。

今やドイツにも抜かれてGDPは世界第4位に

アメリカの社会学者エズラ・F・ヴォーゲルが日本や日本人をホメ称えた本『ジャパン・アズ・ナンバーワン』が大ベストセラーになったのは、バブル前夜の１９７９（昭和54）年のこと。当時の企業戦士たちは、大きな背中を追ってきた超大国の学者にそう言ってもらって、しみじみと喜びをかみしめたものです。令和の今、もし同じタイトルの本が出たとしたら、皮肉か冗談としか受け取られないでしょう。

日本人が日本という国への自信を最も過剰に膨らませていたのは、昭和末期のバブルの頃です。「調子に乗っていた」と言ってもいいでしょう。「ジャパンマネー」にものを言わせて海外の資産や有名な絵画を高額で買いあさり、同時に世界から顰蹙も買っていました。やがてバブルがはじけて、それなりに意気消沈します。しかし、前述のように「またすぐに持ち直す」と思っていたこともあって「アメリカに次ぐ経済大国」「アジアの絶対的なリーダー」という自意識は、漠然と持ち続けていました。

しかし、2010(平成22)年にGDP(国内総生産)で中国に抜かれて世界第3位になります。さらに2024年には、前年の名目GDPでドイツに抜かれて世界第3位から第4位に転落したことが発表されました。ちなみにドイツの人口は、日本の約7割です。

経済活動の規模を示す指標は、かつては「GNP」が主流でしたが、グローバル化が進んで「国民」の総生産でくると正確に把握できなくなってきたため、21世紀に入ってからは「国内」の総生産を示す「GDP」が用いられるようになりました。

「国際的に見て日本の立ち位置が低下している」という現実を受け入れられない一部の昭和人間は、「今は円安だからドル建てで計算したら不公平だ」なんて反論しています。もはやそういう問題ではないのは明らか。

念のためですが、ここで言っているのはあくまで経済力の話で、日本がダメな国になったと言いたいわけではありません。かといって、ダメになっていないと言いたいわけでもないんですけど。

「日本の素晴らしさ」でプライドを埋め合わせるのは不毛な悪あがき

繰り返し書きますが、昭和人間も「日本はもうお金持ちの国ではない」ことは、自分自身の経済的な余裕のなさとも相まって、十分に実感しています。外国人観光客が日本の「物価の安さ」に驚いているとか、インバウンド向けリゾート施設のラーメンや海鮮丼がやたら高いといったニュースを見ると、デジャブを覚えずにいられません。

かつて日本人も先進国ではない国に旅行に行ったときに、物価水準の違いや円高のおかげで贅沢三昧したり、レストランで地元価格とはかけ離れた値段を吹っかけられて「まあしょうがないか」と思いながら払ったりといったことをさんざんしてきました。今、日本に来ている外国人観光客のみなさんは、同じ経験をしているわけです。

世界の中での日本の立ち位置の変化はわかっていても、残念ながら一部の昭和人間は、海外から日本に働きに来てくれている人に対して「日本の豊かさに憧れて貧しい国から出稼ぎに来た人たち」という見方を持ち続けています。外国人観光客に対して、相手の属性などから「見下してもいい理由」を探す癖がある人もいます（「〇〇人はこれだから」など）。「自分はそんなことはしない」と思っている人だって、油断は禁物です。「過去の栄光」にすがりたい気持ちや、日本に対するイメージにバブルの残像が紛れ込んでしまう可能性は、誰もが抱えていると思ったほうがいいでしょう。ことさら卑下したり意気消沈したりする必要はありませんけど、ありのままの「今の日本」を受け入れたいものです。

こういう話になると、政治や政治家がどうとか声高に批判を繰り広げる昭和人間もいますが、それはまた別の問題。ムキになって「日本の素晴らしさ」を強調したがる（≒他国を貶めたがる）人も少なくありません。どちらも、プライドを埋め合わせようとしている点では同じ。みっともなくて不毛な悪あがきであることを自覚したいものです。

バブル自慢は過去のモテ自慢と同じである

若者のみなさんは、昭和人間に「バブルの頃はこうだった」みたいな話をされたところで、どうでもよすぎて腹も立たないでしょう。「過去の栄光が忘れられないんだな」と少しほろ苦い気持ちになって、実害がない限りは聞き流してください。過去のモテ自慢と同じで、「今は違いますよね」と返すのは残酷です。

日本が「お金持ちの国」という前提で、ちょっとズレた認識の話をしてきたときも同じ。会議の場なら反論したほうがいいですけど、雑談の場合は親切に現状を説明してあげる必要はありません。ちょっと説明されたぐらいで現状を認める理解力と度量があるなら、とっくに認めています。昭和人間も昭和人間なりに頑張ってはいるんですが、何かと至らないところだらけですみません。

トリセツまとめ

● 華やかだった頃の「残像」に引きずられないように注意

●「豊かな日本」を刷り込まれ続けてきた影響を自覚したい
●「日本はすごかった」の話は過去のモテ自慢と同じである

「今どきの若者は」と思わずにいられないのはなぜか

若者を批判する記事に溜飲《りゅういん》を下げてしまう心理

「今どきの若者は気合いが足りない」「今どきの若者は打たれ弱い」など、一部の（ほとんどの？）昭和人間は「今どきの若者批判」が大好きです。それは「今どきの昭和人間」に限った話ではありません。こっちが子どもや若者だった昭和の頃も、大人世代は若者世代を批判するのが大好きでした。

こういう話になると、待ってましたとばかりに「古代エジプトのピラミッドの壁画にも、今どきの若者を嘆く言葉が書かれているらしいからね」と言い出す人がちらほらいます。しかし、それはいろんな俗説が合わさってできた「デマ」という見方が有力。得意気に口にしないように、くれぐれも気を付けましょう。

ただ、誰かが目の前で口にしても「それはデマなんだよ」と教えてあげる必要はないかも。なんせそういうことを言いたがる人だけに、面倒臭い反応をされる可能性が大です。

昭和人間同士の場合は「話を膨らませようとしてくれたんだな」と感謝すればいいし、あなたが若者で昭和人間が言い出した場合は「ド定番のウンチクを堂々と披露する危険性を教えてくれる反面教師」ぐらいに思っておいてください。

とはいえ、いつの時代でも世界のどんな場所でも、大人世代が若者世代の批判が大好きなのは、きっと間違いありません。大人世代も自分が若者だった頃は、大人から「今どきの若者は」と言われるのはうっとうしかったはず。「自分は年を取っても、そういうことを言う大人にはならないようにしよう」ぐらいに思っていたでしょう。

しかし、いざ大人になると、けっこう高い確率で「今どきの若者」を批判するという甘い誘惑に負けてしまいます。自分ではしなくても、「今どきの若者」を批判するニュース記事などを読んで、大きくうなずいたり溜飲を下げたりしがち。第1章の「おばさん構文」の項でも触れましたが、LINEの文末に句点を付けると怖がられるという「マルハラ」が大きな話題になったのは、根底に「今どきの若者を嘆きたい」という中高年の切実なニーズがあるからに他なりません。

年齢を重ねて「今どきの若者批判」をするようになった昭和人間は、かつてどんな「今どきの若者」だったのか。当時の大人から、どんな目を向けられていたのか。そのへんを振り返りつつ、今の自分を省みてみましょう。

昭和人間が「今どきの若者」だった頃

産労総合研究所が3月末に発表した2024（令和6）年度の「新入社員のタイプ」は、〈自分の未来は自分で築く！「セレクト上手な新NISAタイプ」〉でした。時代ごとの特徴的なキーワードと若者の特徴を結びつける力業には、毎度感服させられます。

現在60歳前後の前期昭和人間が社会人になった頃の「新入社員のタイプ」は、どうだったのか。当時は現代コミュニケーション・センターが発表していました。

1985(昭和60)年度は「使い捨てカイロ型(もまないと熱くならず、扱い方もむずかしい)」、翌年は「日替わり定食型(期待したわりには変わり映えせず、同じ材料の繰り返し)」、そのまた翌年は「テレフォンカード型(一定方向に入れないと作動しないし、仕事が終わるとうるさい)」などなど。

ちなみに、現在50歳前後の後期昭和人間が社会人になった頃は、どう呼ばれていたのか。1996(平成8)年度の「新入社員のタイプ」は「床暖房型(断熱材〈評価〉をいれないと熱〈やる気〉が床下〈社外〉に逃げる)」、その翌年は「ボディシャンプー型(泡立ち〈適応性〉がよく、香り〈個性〉を楽しめるが、肌〈会社体質〉に合わないこともある。石鹸〈従来社員〉以外に肌を慣らすことも必要)」でした。

ものはついでなので、現在70歳前後の昭和人間が社会人になった頃の呼ばれ方も見てみましょう。1976(昭和51)年は「たいやきクン型(頭から尾まで過保護のアンコがぎっしり)」、その翌年は「人工芝型(見た目きれいで根が生えず、夜のネオンでよみがえる)」でし

昭和人間が若者だった頃の「新入社員のタイプ」

社会に出た年度	新入社員の特徴	社会に出た年度	新入社員の特徴
昭和50年(1975年)	カモメのジョナサン型	平成5年(1993年)	もつ鍋型
昭和51年(1976年)	たいやきクン型	平成6年(1994年)	浄水器型
昭和52年(1977年)	人工芝型	平成7年(1995年)	四コママンガ型
昭和53年(1978年)	カラオケ型	平成8年(1996年)	床暖房型
昭和54年(1979年)	お子様ランチ型	平成9年(1997年)	ボディシャンプー型
昭和55年(1980年)	コインロッカー型	平成10年(1998年)	再生紙型
昭和56年(1981年)	漢方薬型	平成11年(1999年)	形態安定シャツ型
昭和57年(1982年)	瞬間湯沸かし器型	平成12年(2000年)	栄養補助食品型
昭和58年(1983年)	麻雀牌型	平成13年(2001年)	キシリトールガム型
昭和59年(1984年)	コピー食品型	平成14年(2002年)	ボディピロー型
昭和60年(1985年)	使い捨てカイロ型	平成15年(2003年)	カメラ付きケータイ型
昭和61年(1986年)	日替わり定食型	平成16年(2004年)	ネットオークション型
昭和62年(1987年)	テレフォンカード型	平成17年(2005年)	発光ダイオード型
昭和63年(1988年)	養殖ハマチ型	平成18年(2006年)	ブログ型
平成元年(1989年)	液晶テレビ型	平成19年(2007年)	デイトレーダー型
平成2年(1990年)	タイヤチェーン型	平成20年(2008年)	カーリング型
平成3年(1991年)	お仕立券付ワイシャツ型	平成21年(2009年)	エコバッグ型
平成4年(1992年)	バーコード型	平成22年(2010年)	ETC 型

出所：昭和 50 年～平成 14 年は現代コミュニケーション・センター、平成 15 年～ 22 年は（公財）日本生産性本部の発表による

た。70歳前後の世代も、若い頃は「過保護っぷり」を嘆かれていたんですね。

いつの時代も大人たちは、一貫して「今どきの若者はなっちょらん」と言い続けていると言えるでしょう。言葉の向こうから、若者に対する漠然とした恐れも漂ってきます。

現在61歳の私が若者だった頃は、大人世代から「新人類」と呼ばれていました。従来とは価値観やライフスタイルが大きく変わって、ゲームやアニメなどのサブカルチャーが存在感を増し、個性を大切にするなどの特徴があるとされていたみたいです。

もう少し年上の人たちも含めて「しらけ世代」と呼ばれることもありました。その上の「団塊の世代」が学生運動などに熱中していたのに対して、無気力・無関心なのが特徴だとかなんとか。そこに「無責任」も加えて「三無主義」と言われることもありました。

「新人類」には持ち上げるニュアンスも含まれていましたが、当事者としてはうれしかったわけではありません。「わかってないくせに勝手なこと言いやがって」ぐらいに思っていました。「しらけ世代」や「三無主義」は、明確に「今どきの若者」を批判している呼び方です。

当時の若者は、当時のおじさんたちが「俺たちがキミぐらいのときは」と言い出すたびに、心の底からウンザリしていました。しかも、よく言われたんですよね。

ためしに、1985（昭和60）年4月の新聞をめくってみたところ、「朝日新聞」4月2日付の紙面に「フレッシュマンに望む　入社式での社長語録」という記事を発見しました。「『おはようございます』も満足に言えない人は、即刻退社して頂きたい」（堤清二・西武セゾングループ代表（当時））「ビジネス社会では正解は一つとは限らない」（徳増須磨夫・住友海上火災保険社長（当時））「国際性豊かな人間になること。自己研さんに励んで」（石原俊・日産自動車社長（当時））といった言葉が並んでいます。

2024年4月の「社長語録」だと言われても、とくに違和感はありません。大人が若者に望むことは、いつの時代も変わりはないようです。

年齢という「自分が優位に立てる部分」にすがりつきたい

時は流れ、かつて「新人類」や「しらけ世代」と呼ばれた昭和人間は、押しも押されもせぬおじさんおばさんになりました。少し後ろには、かつて「バブル世代」や「団塊ジュニア世代」と呼ばれた昭和人間も続いています。

そのあたりの昭和人間がもう少し若かった頃は、昭和の終わりから平成の初めごろに生まれた「ゆとり世代」を嘆いていました。最近のターゲットは、もっぱら「Z世代」（1996～2010年生まれ）です。「Z世代」の特徴とされているのは、デジタルネイティブでPCやスマホを使いこなせることや、他人の価値観を尊重しつつ自分の考えを貫くことができる、など。当事者にしてみれば「勝手に言ってろ」という感じでしょう。

自分が若者の頃は「若者批判をするような大人にはなるまい」と思っていたのに、ちょっと油断すると見事にそうなってしまうのはなぜなのか。それはきっと、年齢や経験という文句なしに自分が優位に立てる部分にすがりつきたいから。若者のためを思ってではなく、自分を救済したり慰撫したりするための批判だと言っていいでしょう。

人は年を取ると、体力も気力も知力も衰えていきます。微妙なお年頃の昭和人間としては、なるべく衰えを自覚したくないもの。「自分はまだまだ大丈夫だ」と思うには、若者のアラ探しをして「今どきの若者は……」と嘆くのが、最もお手軽で効果的な方法です。根っこには、若さへの妬みや未知の世代への畏れがあるのかもしれません。

「そうじゃない。自分たちが若い頃と比べて、今の若者は特別にダメなんだ。だから言ってやってるんだ」と本気で思っているとしたら、それは大きな勘違いです。いや、批判する気持ちよさに溺れている人は、勘違いだと認める気はないでしょうけど。

若者批判の動機はたいていロクなものではない

同年代しかいない場で「今どきの若者」を嘆いたり愚痴をこぼしたりするのは、中高年ならではの楽しいひとときです。ただ、その場合も「自分たちが若者だった頃だって、かなりひどいもんだった」という客観的な視点は忘れたくないもの。それさえあれば、単なる手前味噌な過去の美化ではなく、少しは発見や反省につながるでしょう。

若者のみなさんにおかれましては、先々が不安だし自分に自信はないしで、大人世代からのちょっとした批判にいきり立ちたくなる気持ちもわかります。ただ、批判している側の動機や根拠も、ここで書いてきたようにロクなもんじゃありません。役に立つと思える部分は受け止めていただけたらと思いますが、基本はスルーでけっこうです。

よかったら、昭和人間のフリ見て「自分は若者を批判する大人にはなるまい」と決意してください。にもかかわらず、きっと20年後30年後には若者を批判しているでしょう。お互い、年代に応じた感情に振り回されながら、たくましく生きていきたいものです。

トリセツまとめ

- 大人世代が若者世代を批判したがるのはいつの時代も同じ
- 「自分が若者の頃もひどいもんだった」という視点は大事
- 若者を批判する側の動機や根拠なんてロクなもんじゃない

「ちょっといいもの」への幻想を捨て切れない昭和人間の消費の矜持

「高い服」が人間をワンランク上に引き上げるという幻想

時代の変化をヒシヒシと感じさせられるというか、昭和人間としては目頭を押さえずにはいられないというか、このところ東京・池袋の西武池袋本店の前を通るたびに、とても寂しい気持ちになります。「大改装中」とのことで、2024年夏頃から表通りのシャッターも地下通路のシャッターも、ほぼ閉まったまま。食品館や池袋ロフトなど一部の店舗は営業していますが、入口を探し出して売り場にたどり着くのはけっこう遠い道のりです。

報じられている情報によると、土地と建物をヨドバシホールディングスが取得し、改装後は家電量販店の「ヨドバシカメラ」が出店して、百貨店の売り場は半分程度になるとか。昭和人間は家電量販店も大好きですけど、「西武が家電量販店に買い取られた」というニュースには、ショックを覚えずにいられません。

個人的な思い入れに基づいたローカルな話で恐縮ですが、61歳の昭和人間である私にとって「西武で服を買う」というのは、憧れであり喜びであり大人になった証しでした。西武百貨店の「おいしい生活。」というコピーが話題になっていたのは、私の学生時代です。社会人になったばかりの頃（１９８６～87年）、西武池袋本店の紳士服売り場で意を決してイギリス製のブルゾンを買った瞬間の興奮は、今でもはっきり覚えています。

たしか3万円弱でした。当時の月給の2割ぐらいです。とくにオシャレに興味があったわけでもない風呂なしアパート住まいの若者が、なんでそんな身の丈に合わない高い買い物をしたのか……。今考えると、その頃の世の中には「いいもの（＝高いもの）を身に着けることで、人間的に成長できる」という謎の刷り込みがあった気がします。

男女を問わず、百貨店やオシャレなブティックで、店員に勧められるまま「勝負服（肩パット入り）」を上から下までそろえて、4回なり6回の分割払いで買ってしまうケースもよくありました。そして、家に帰って買った服をあらためて見たときに「こんなオシャレ過ぎる服、恥ずかしくて着られない……」と後悔したものです。

若者のみなさんには「いかにもバブルっぽい話」に聞こえるでしょうか。たしかにそうなんですけど、この程度の話は、昭和人間の買い物愛……というか、買い物とのややこしい因縁を示す一端でしかありません。

今は大学の理事長をなさっている女性作家の方が言い出したと記憶していますが、昭和人間は「自分へのごほうび」という言葉も大好きでした。その言葉を呟きながら、後先考えない高い買い物をしたり食事や娯楽で散財したりしていたものです。何度かやってみた結果、ほとんどの人は単にお金がもったいないだけだと気づくんですけど。

「50代から60歳前後はバブルでいい思いをしている」はたいてい濡れ衣

高度経済成長期以降、昭和人間はテレビにせよクルマにせよ、常に無理をして高い買い物をし続けてきました。「買いたい！」という欲望を満たすことが生きる目的であり、汗水たらして働く原動力だったと言えるでしょう。

「三種の神器《じんぎ》」という言葉を聞いたことがあるでしょうか。高度経済成長が始まった昭和30

年代前半、白黒テレビ・冷蔵庫・洗濯機の３つの家電は、まとめてそう呼ばれていました（最初の頃は白黒テレビではなく掃除機）。戦中戦後の混乱から立ち直った日本にとって、それらの家電製品は豊かさの象徴であり、未来への希望だったと言えるでしょう。

ちなみに「新・三種の神器」という言葉もあります。昭和40年頃は、カラーテレビ、クーラー、自動車（car）の３つの耐久消費財（３Ｃ）が、「新・三種の神器」と呼ばれました。数年後には、電子レンジ（cooker）、別荘（cottage）、セントラルヒーティングが「新３Ｃ」としてもてはやされます。こっちはちょっと無理やりな感じですね。

「三種の神器」だった頃の白黒テレビは６～７万円。当時の公務員の初任給は１万円前後なので、今の感覚だと軽く１００万円以上です。背伸びにもほどがあるというか、無茶としか思えない大きな買い物ですが、その頃に若者だったたいにしえの昭和人間は競って飛びつかずにはいられませんでした。ある種の義務感に駆られていたのかもしれません。その頃は給料が上がり続けていたので、無茶をしても結局は何とかなりました。

戦後の日本経済の変遷と、60～70代の昭和人間の消費活動の変遷は、けっこう重なっています。食べるのが精いっぱいだった時期（終戦直後、学生時代）を経て、それなりに可処分所得が増えて勇んで生活必需品を買いそろえ（高度経済成長、若手社会人）、さらに余裕ができるとブランド品を買って見栄を張ったり、高級レストランや海外旅行といった贅沢に興味が湧いたりしてきます（バブル期、中堅社会人）。

やがて日本経済は停滞期に入り、多くの昭和人間の懐事情もすっかり寂しくなりました。人によって「懐に余裕があった時期」にはズレがあるので、ふたつの時期は重なっているとは限りません。今60歳前後の昭和人間は、バブル期はまだ20代の若者でした。バブルの恩恵を受けた人は、ごく一部です。まして50代にとってバブルはほぼ関係ありません。若者のみなさんは50〜60歳ぐらいの昭和人間を見ると、反射的に「バブルでおいしい思いをした人」と見がちですが、多くの場合は濡れ衣と言っていいでしょう。

若い頃の散財自慢はマウントと捉えられかねない

ともあれ、日本全体も昭和人間も、一時期は自分なりに贅沢を経験してみたのはいいけど「なるほど。まあ、もういいかな」という気持ちになっているのではないでしょうか。今は贅沢したくてもできないから、「贅沢という名のぶどうは酸っぱい」と思うことで自分を慰めているのかもしれませんけど。

物心ついた頃から物欲に背中を押されて突き進んできた昭和人間ですが、欲しいものはひととおり手に入れたこともあって、今ではすっかり落ち着きました。一部、スマホの新機種や目新しいガジェット（小型の電子機器）が出るたびに目を輝かせたり、趣味の世界で消費活動に精を出したりしている人はいます。しかし、多くの昭和人間は「今、いちばん欲しいもの」を聞かれても、すぐには思い浮かばないのではないでしょうか。

それでいて「少しぐらい高くても、いいものは結局おトク」「有名ブランドの商品はやっぱり安心」という根深い幻想が抜け切ってはいないのが、けっこうややこしいところ。突発的に高いカバンを買ってみたり、スーパーのＰＢのビールには食指が動かなかったり、安めの服を買うにしても「ユニクロ」という〝ブランド〟を選んだりします。

消費活動に対して中途半端な立ち位置にいる昭和人間が、若者に対して気を付けたいのは「若い頃の散財自慢」を口にすること。「給料の半分ぐらいを洋服につぎ込んでいた」という女性の昭和人間は、けっして少なくないはず。卒業旅行や新婚旅行で海外に行っている場合、かかった費用は今の感覚からするとかなり高額です。こちらとしては軽い笑い話のつもりでも、聞いている若者には「どうだ、まいったか。キミたちには真似できないだろ」とマウントを取って悦に入っているように聞こえかねません。

「コスパこそ正義」は昭和人間の神経を逆なですることも

若者と昭和人間で大きなギャップがあるのが、近頃よく聞く「コスパ（コスト・パフォーマンス）」の捉え方です。若者にとって「コスパがいいこと」は極めて重要だと聞きますが、昭和人間の多くは「コスパよりも大事なことがある」と思わずにはいられません。実際は日々十分にコスパを意識しているんですけど、「コスパはすべてに優先する」「コスパの良さこそが正義」という前提で話されるとイラッとします。

それはきっと、かつてコスパ度外視の買い物なり散財なりしたからこそ味わえた楽しさや、得られた「何か」があると信じているから（その「何か」の正体は不明です）。「コスパ」という言葉に反発を覚えるのは、今はコスパを重視せざるを得ない昭和人間の「せめてもの矜持」であり「最後のプライド」かもしれません。

若者のみなさんは、昭和人間の前で「コスパコスパ」と言うと、相手の神経を逆なでしかねないと認識しておいていただけたら幸いです。すべての生物は環境の影響を受けずにはいられないということで、どうかご理解ください。あなたが昭和人間の場合、せっかく覚えたからといって、同年代の前で「コスパ」という言葉をやたらと使うのは危険。いい歳してわかりやすい尺度しか見えていない「残念な人」と思われます。

時代状況が変わったり「次はあれを買いたい！」という情熱が薄れたりしても、買い物が大きな楽しみであることに変わりはありません。あの手この手で、買い物によってもたらされる多種多様な幸せを貪欲に感じてしまいましょう。昭和人間には、そのために必要な引き出しがたくさんあるはずです。

ぜひ積極的に味わいたいのが、無駄遣いの醍醐味。最近はそれこそコスパ重視の買い物をする癖がついているとしても、たまには懐の許す範囲で、無駄遣いに精を出してみようではありませんか。そうすることで、昭和の頃に感じていたワクワクやドキドキや無限の希望を感じられるはず。若者のみなさんも、よかったらお試しください。

ホントは「懐の許す範囲」を越えたダイナミックな無駄遣いのほうが、そのへんの効果はより高そうです。ただ、家庭内の立場や先々の人生設計など、犠牲にするものがあまりにも大きいかも。大人になるというのは、ちょっと寂しいことでもありますね。

トリセツまとめ

- かつて買い物で味わった高揚感をたまには思い出したい
- 昭和人間は無理のある買い物でパワーをみなぎらせてきた
- 「コスパこそ正義」と言われると昭和人間はイラッとする

昭和人間はお酒との「腐れ縁」をなかなか切れない

「新歓コンパで酔いつぶれる18歳」が春の風物詩だった時代

「お酒との付き合い方」は、昭和人間と若者のみなさんとでは大きな違いがあります。もちろん、どの世代にせよ「人それぞれ」「自分はそうじゃない」と言い出したらキリがありません。そこはさておきとして、ノンキな心でお読みいただけたら幸いです。

そんな前置きをしつつ断言すると、昭和人間とお酒との関係は一種の「腐れ縁」と言っていいでしょう。深く付き合わないほうがいいとわかっているのに、なかなか距離を置くことはできない。いっしょに過ごしているときはそれなりに楽しいし、時にひどい目に遭わされても「あれでも、なかなかいいところもあるから」と擁護したくなる……。

昭和人間がお酒に深い親近感を抱いているのは、青春時代にお酒がらみの楽しい思い出がたくさんあるからかもしれません。「お酒をめぐる文化」や「お酒をたしなむカッコイイ大人」への憧れも、子どもの頃からテレビCMなどでさんざん刷り込まれてきました。いくつになっても、お酒に対して夢やロマンを抱いていたりもします。

昭和30年代後半生まれぐらいの昭和人間（私含む）の学生時代は、「村さ来」、「つぼ八」、「大都会」[11]といったチェーン居酒屋が一気に勢力を広げた時期でした。そこで行われたサークルやクラスのコンパで、当時は目新しくて割安だったチューハイやサワーを飲みまくり、初めて見たホッケの干物をつつきながら大いに盛り上がったものです。

今思うと恥ずかしい限りですが、酔っ払うことでいかに我を忘れてバカ騒ぎするか、己の体力と経済力の限界を越えた無茶な飲み方をするかといったことを競っていた節が無きにしもあらず。もうひと世代上は、酔っ払うと暑苦しい議論を始めるのがお約束でしたが、１９８０年代に入るとそういうのは「ダサい」と見られるようになりました。まあ、何の生産性もないという点では、どっちもどっちですね。

当たり前ですが、若かりし頃の昭和人間の中にもお酒と仲良くない人はたくさんいました。ただ、仲良くすればするほど〝エライ〟みたいな空気があったところが、令和との大きな違いでしょうか。今思えば、ずいぶん乱暴な時代です。

お酒離れする若者と、スキあらば缶ビールを開ける昭和人間

「今の若者はお酒を飲まない」と言われますが、それはデータからも裏付けられています。厚生労働省の「国民健康・栄養調査」によると、20代で「飲酒習慣（週３日以上、１日１合以上飲酒する）」がある人は、２０１９年の調査では７・８％（男性12・７％、女性３・１％）でした。30代でも17・２％（男性24・４％、女性11・１％）です。

２０１７年の調査結果を20年前の１９９７年と比べると、20代男性は約２分の１、20代女性は約３分の１、30代男性は約５分の２と、いずれも大幅に減少しました（30代女性は微減）。ただ、50代60代の男性も、２～３割減少しています。逆に50代60代の女性は増加しました。

これらの調査が行われたのは、まだコロナ禍の前です。飲食店関係や観光関係の友人によると、コロナ禍を経て若者の酒離れはまた一段と進んだ実感があるとか。コロナが落ち着いて客足が戻っても、「若者にお酒がまったく売れない」と口をそろえます。

「酔っ払って自分が変わった姿を見られるのは恥ずかしい」
「お酒を飲んでまでコミュニケーションを取る必要性を感じない」
「飲み会やお酒にお金をつかうのはコスパが悪い」

そんな声もしばしば聞こえてきます。昭和人間としてはつい反論したくなりますが、落ち着いて考えると「そうだよなあ」と思えなくもありません。お酒との付き合い方だけでなく、お酒にまつわる〝常識〟や〝価値観〟においても、昭和人間と若者とのあいだには深い溝があるようです。

ただ、昭和人間としては、今の時代に合わせて心を入れ替えるというのは、けっこう無理な相談かも。自分たちの〝常識〟や〝価値観〟を若者に押し付けるのは極めて迷惑だし恥ずかしい行為ですが、ひと様に迷惑をかけたり体に無理をかけたりしない範囲で、お酒との「腐れ縁」を楽しみましょう。

若者のみなさんにおかれましては、昭和人間が外で食事するときに迷わずお酒を注文したり、行楽地などでスキあらば缶ビールを開けたりする場面に居合わせても、「娯楽の少ない時代を過ごした人たちだからな」ぐらいに思って、生温かい目で見ていただけたら幸いです。酔っ払って調子に乗ってきたときには、どうぞ冷たく接してください。

「一緒に飲んだほうが距離が縮まる」とやっぱり思っている

前述の若者のセリフに対する反応もその一例ですが、昭和世代とお酒との関係で、もっとも深刻かつ難しいのは「本音と建前の使い分け」ではないでしょうか。

とはいっても、かつて自分たちがさんざん言われた「俺の酒が飲めないのか」というセリフは、さすがに心の底から「くだらない」と憎んでいます。一部、いまだに口にしているトホホな輩《やから》もいるようですが、すべての昭和人間が言いたがっているとは思わないでください。もし言われたときは、鼻で笑いながら「うわー、懐かしいセリフですね！」と返してやりましょう。「いつから○○さんのお酒になったんですか?」でもけっこうです。

飲み会の最初は「全員とりあえずビールでいいだろ」という認識も、ずいぶん前に改めました。そのへんは何とかなりますが、昭和人間の多くは「いっしょにお酒を飲んだほうが距離が縮まる」と信じているし、会社の飲み会にはそれなりに意味があると考えています。ただ、それを声高に主張することは今は許されないこともわかっています。

「大学生になっても20歳になるまではお酒は飲まない」らしいことにも、本音では激しい違和感を覚えざるを得ません。杓子《しゃくし》定規に誰かを責めることばっかり考えていて大丈夫なんでしょうか。

お酒の話とは関係ありませんが、こういうことを書くときには「あくまで個人の感想です」みたいな一文を付けがちな風潮も、何を恐れているのかよくわからないまま自己保身に走るみたいで、バリバリの昭和人間としては嘆かわしいと思っています。

ちょっとした違和感はスルーして独自の距離を保つ

とはいえ、部下や後輩と無理やり飲もうとしたり、まして未成年に「まあ、いいから飲め」とお酒を強要したりはしません。そこはご安心ください。

ただ、昭和人間とお酒とのあいだには、自分たちと違う関係性があることを心の隅に留めておいて、迷惑じゃない範囲でのちょっとした違和感は、お互いの心の平和を保つためにもスルーしてもらえたらうれしいです。

たとえば自分にとっては永遠のアイドルでも、その魅力を若者に理解してもらうことはできません。お酒に対する思いも、似たようなもの。昭和人間は昭和人間なりの深い付き合い方があり、若者には若者のドライな距離感があると自分に言い聞かせましょう。

若者のみなさまの中で、昭和人間っぽいお酒との付き合い方が性に合っているという方がいらしたら、ぜひ一杯付き合ってください。説教や昔の自慢話をするつもりはないし、昭和の常識に従って年長者がごちそうしますので（高くない店に限る）。

トリセツまとめ

- お酒とは「腐れ縁」なんだと自覚し、適度な距離を探ろう
- 自分たちと若者との常識や価値観の溝を埋める必要はない
- 本音と建前を使い分けたほうが結果的にうまい酒が飲める

「最近のテレビは面白くないよね」と昭和人間に振られたら

大事なことも大事じゃないこともテレビに教わった

昭和人間とテレビのあいだには、切っても切れない太い絆があります。とくに昭和30年代後半から昭和40年代に生まれた昭和人間にとって、生まれた時からテレビは大きくてまぶしい存在でした。現在50代60代の昭和人間は、大事なことも大事じゃないこともみんなテレビに教わり、テレビに育てられたと言っても過言ではありません。

昭和50年代から60年代の昭和ギリギリに生まれた若い（あくまで相対的に）昭和人間も、物心ついた頃はネットはまだまだ普及していませんでした。テレビの存在感も、テレビにどれだけお世話になったかも、先輩の昭和人間と同じかと思います。

ただ、昭和人間とテレビが蜜月関係にあったのは、残念ながら過去の話です。今も付き合いはありますが、関係はかなり冷めてしまいました。一部のベテラン昭和人間を除けば、テレビを見ている時間よりスマホやパソコンを見ている時間のほうが長いだろうし、ニュースはもちろん、ドラマもスポーツ中継もネット経由で見がちです。

日本でテレビ放送が始まったのは１９５３（昭和28）年2月1日のこと。初日の受信契約数は８６６件でした。その後、１９５９（昭和34）年の「皇太子ご成婚」や、１９６４（昭和39）年の東京五輪などをきっかけに、一般家庭への普及が進みます。白黒テレビの世帯普及率が90％を超えたのは東京五輪の年。昭和40年代に入るとカラー化がどんどん進んで、１９７０（昭和45）年にはカラーテレビの世帯普及率が90％を上回ります。

昭和人間の子ども時代は、テレビが何よりの楽しみであり流行の発信源でした。たとえば、１９６９（昭和44）年から16年間にわたり（一部空白期間あり）毎週土曜日に放送されていた「8時だョ！全員集合」[12]。現在60歳前後の昭和人間が小学生だった頃は、あの番組を見ないと月曜日にクラスメイトの話の輪に入れませんでした。教室の机を並べ、誰かがその上でカトちゃんの「ちょっとだけよ」を再現して大いに盛り上がったものです。少し下の世代には、志村けんが憧れの大スターでした。

昭和人間との会話に役立つ（かもしれない）懐かしのテレビ番組一覧

40代	**『進め！ 電波少年』**（1992～1998年）、 **『HEY! HEY! HEY! MUSIC CHAMP』**（1994～2012年）、 **『ASAYAN』**（1995～2002年）、 **『ボキャブラ天国』**（1992～1999年）ほか ※よりコアな会話で仲を深めたい向きには **『ギルガメッシュないと』**（1991～1998年）等
50代	**『夕やけニャンニャン』**（1985～1987年）、 **『ねるとん紅鯨団』**（1987～1994年）、 **『オレたちひょうきん族』**（1981～1989年）、 **『ザ・ベストテン』**（1978～1989年）ほか ※よりコアな会話で仲を深めたい向きには **『11PM』**（1965～1990年）等
60代	**『8時だョ！ 全員集合』**（1969～1985年）、 **『お笑いスター誕生!!』**（1980～1986年）、 **『欽ちゃんのドンとやってみよう！』**（1975～1980年）、 **『プロポーズ大作戦』**（1973～1985年）ほか ※よりコアな会話で仲を深めたい向きには **『テレビ三面記事　ウィークエンダー』**（1975～1984年）等
70代	**『ザ・ヒットパレード』**（1959～1970年）、 **『シャボン玉ホリデー』**（1961～1972年）、 **『てなもんや三度笠』**（1962～1968年）、 **『コント55号の裏番組をぶっとばせ！』**（1969～1970年）ほか ※よりコアな会話で仲を深めたい向きには **『ザ・ビートルズ日本公演』**（1966年）等

※2024年現在。ピックアップは著者の好みに基づいた独断による。
ドラマやアニメは懐かしい番組が山ほどありすぎるので対象外とした

昭和50年代に当時の中高生がくぎ付けになったのが「ザ・ベストテン」[13]です。調べてみたら自分が17歳の時ですが、文化祭の出し物のために、あの番組を見ながら、もんた＆ブラザーズの『ダンシング・オールナイト』の振りを必死で覚えました。家族の前では恥ずかしくてできないので、別の部屋にあった小さな画面の白黒テレビの前で動きを真似たものです。以来、あんなに全神経を集中してテレビを見たことはありません。

ほかにも、アニメやドラマ、バラエティなどなど、名前を挙げたい番組は山ほどあります。昭和人間は誰しも、テレビにまつわる思い出を語り始めたらキリがありません。せっかくの共通体験ですから、そのへんは同年代同士で大いに楽しみましょう。

「今のテレビは面白くない」という愚痴の裏にあるもの

ところが、あんなに大好きだったテレビが、あんなに憧れの存在だったテレビが、いつの間にかすっかり輝きを失ってしまいました。若者のみなさんにしてみれば、テレビは物心ついた頃から「まあ、その程度のもの」という感じかもしれません。しかし、昭和人間の目には、今のテレビの姿は非常に寂しく映ります。

いわゆるゴールデンタイムに民放各局の番組をチラチラ眺めても、どれも同じようにしか見えないし、何をどう楽しめばいいのかよくわかりません。「そもそも番組のターゲットは若者で、昭和人間世代じゃないから」という理由もあるでしょう。こっち側が「心の柔軟性」をなくしているから、面白さを感じられない可能性もあります。

しかし、はばかりながら生まれたときから「テレビっ子」だった実績に免じて言わせてもらうと、明らかにそれだけではありません。いかにも予算がなさそうな雰囲気といい、もうひと手間をかけていない気配といい、薄い内容を2時間も3時間も引っ張っている間延び感といい、「なんでこうなっちゃったかな……」とため息をつきたくなります。

さっきからずいぶん失礼なことを言ってますね。すみません。もちろん、面白い番組がたくさんあることも、取材力にせよ影響力にせよやっぱりたいしたものであることも、よくわかっています。毎回、楽しみに見ているドラマもバラエティ番組もあります。決して作り手や出演者のせいにするつもりはありません。そして何より、自分のフィールドである活字メディアだって人のことは言えないのは重々過ぎるほどの承知の上です。

テレビの場合、メディア構造の変化で、ネットメディアやネット配信といったライバルが次々に現れて、向かうところ敵なしだった時代に比べたら目立たなくなっただけのこと。お菓子の世界で言えば、かつて王者だったまんじゅうや煎餅が今でも根強い人気があるいっぽうで、見た目も味も派手なスイーツの台頭で影が薄くなっているようなものです。作り手側は昔も今も同じように、熱意を注いで工夫を重ねていることでしょう。出演者もしかり。

テレビに深い愛着を抱いている昭和人間ではありますが、いや深い愛着を抱いているからこそ、ついつい「今のテレビは面白くない」と苦言を呈したくなります。ただ、それはあまりに恩知らずな言い草。長年あれだけ世話になっておきながら、勢いがなくなったからと急に上から目線になり、悪口を言って悦に入るのはいささかはしたない行為です。

しかも、客観的には「己の感性の衰えを棚に上げて文句を言っている」という恥ずかしい構図に見えかねません。今のテレビをどう思うかを語る流れになったら、「厳しい環境だと思うけど、よく頑張ってるよね」などとねぎらいの言葉を口にしておきましょう。そのほうが深いことを考えていそうに見えそうだし、苦い後味を感じずに済みます。

若者の「部屋にテレビがない」話は昭和人間の大好物

若者のみなさまにはどうでもいい話ですが、そんなわけで昭和人間はテレビに対してややこしい感情を抱いています。何かの拍子に昭和人間が「最近のテレビは面白い番組がないよねー」みたいなことを言い出したとしても、身内や地元の悪口みたいなもので、テレビの存在価値を本気で否定したいわけではありません。

話を合わせるつもりで「今時、テレビなんて誰も見ないっスよ」とか「テレビなんて完全にオワコンですからね」などと言うと、それこそ親きょうだいの悪口を言われたみたいな気持ちになって、心の中で「お前に何がわかる！」と反発を覚える可能性があります。そういう場合は「子どもの頃は、どんな番組が好きだったんですか？」と聞くと、張り切って語り始めるでしょう。ご面倒をおかけして恐縮です。

「部屋にテレビがない」という話は、もしそうならどんどんしてください。「最近の若者らしいエピソード」ということで、それなりに盛り上がるでしょう。一部の昭和人間は、得意気に「今はテレビがなくても、スマホやパソコンでテレビ番組が見られるからね」という微妙にピントがズレた話をしてくるかもしれません。テレビ番組を見る気がそもそもないとしても、そこは訂正すると面倒なのでスルーがオススメです。

「ニュースは偏向してますから」の一言は厄介事になる危険が

ただ「ニュースはネットで見れば十分ですから」というセリフは危険。「テレビのニュースなんて偏向してますから」というセリフは、もっと危険。そういう一面も確かにありますけど、昭和人間は「ネットから得られる情報の狭さや偏り具合に比べたら、テレビニュースのほうがはるかにマシ」と信じています。即座に「こいつは情報リテラシーが低い残念なヤツ」というレッテルを貼るでしょう。ま、昭和人間だっておもにネットでニュースを見ているので、若者のことはぜんぜん言えないんですけど。

かつての輝きは失ったとしても、見たい気持ちや生活の中での必要性は薄れたとしても、テレビに育ててもらった昭和人間としては、テレビと縁を切るわけにはいきません。さらに輝きを失ってしまうのか、あるいは奇跡的に盛り返すのか、目の黒いうちはしっかり見届けるのが元テレビっ子としての使命です。せめてもの恩返しのつもりで、具体的には何の力にもなりませんけど、心の中でエールを送り続けましょう。

トリセツまとめ

- テレビから受けた恩に感謝する気持ちは持ち続けたい
- 今のテレビの悪口を言って悦に入るのははしたない
- 若者にテレビを否定されると昭和人間はカチンとくる

第3章

令和の職場と、くすぶる違和感

【昭和人間の仕事観】

今どきの「やさしい働き方」に本音では違和感を拭えない

前期昭和人間に刷り込まれた「24時間戦えますか」的仕事観

昭和と令和で大きく変わったのが、仕事や会社や働き方に対する意識です。有給が取りやすくなったとか付き合いの残業をしなくても責められないとか、実態もそれなりに変わりました。大きな流れとしては、きっといい方向に向かっているのでしょう。

しかし、どこか釈然としないものを感じている昭和人間は少なくないようにお見受けします。けっして「昔のほうがよかった」「昔に戻りたい」と思っているわけではありません。今、50代60代の昭和人間が自分の若い頃を思い出すと、楽しかった思い出もそれなりにありますが、「ひどかったなあ」とあきれたりもします。

60歳ぐらいの前期昭和人間がフレッシュな若手だった昭和末期から平成にかけて流行語に

なったのが、「24時間戦えますか」というフレーズ。時任三郎が出ていた栄養ドリンクのCMのバックで、このフレーズが入った『勇気のしるし~リゲインのテーマ~』が流れていました。お恥ずかしながら、カラオケで腕を振りながら歌った覚えもあります。もし今、部下に「24時間戦えますか」と尋ねたら、それだけでパワハラ認定されるかもしれません。

さらに時代をさかのぼると、高度経済成長まっただ中の昭和40年代には、「企業戦士」「モーレツ社員」という言葉が流行語になりました。「団塊の世代」と呼ばれる現在70代の人たちが、社会に出て働き始めた頃です。

少し下の「24時間世代」は、団塊の世代の先輩たちを見て「あそこまで会社に尽くさなくても」なんて冷ややかな視線を向けていました。今思えば「目くそ鼻くそを笑う」の域を出ません。60代はもちろん50代の昭和人間も、仕事や働き方に関する意識は、若い頃に叩き込まれた「24時間戦えますか」的な感覚を長く引きずってきました。

「自分たちは大変だった」後期昭和人間も一筋縄ではいかない

その下の後期昭和人間も、時代の影響を色濃く受けています。「就職氷河期」に就職したいわゆるロスジェネ世代は、同期の数も少なく、後輩もなかなか入ってきませんでした。貴重な若手として激務に追われて、自分自身も「厳しい競争を頑張って勝ち抜いてきた」ことに誇りを持っています。それはけっして、責められることではありません。

その結果、後輩たちの仕事に対する取り組み方に対して、必要以上の厳しさを求めて「怖いおじさん、おばさん」になっているケースが少なくないようです。「自分たちが若い頃は、もっと大変だった」と言いたい気持ちはわかりますが、若者はロスジェネ世代の事情なんて知ったこっちゃありません。前期昭和人間も後期昭和人間も、それぞれの時代状況に翻弄されて今に至っていると言えるでしょう。

現在、大半の昭和人間は「かつての常識」が通用しないことは、百も二百も承知しています。そのいっぽうで、どこかに引っかかりを感じてしまうのは、どうしてなんでしょうか。令和的な働き方の常識に全面的に賛同できないのは、どのへんに原因があるのでしょうか。

何の引っかかりも感じていない昭和人間の方におかれましては、時代の変化への高い適応力と素直さに敬意を表します。「たしかに引っかかるかも」と同意してくださる方は、よかったら一緒に考えてみましょう。

「過去の自分を肯定して悦に入りたい」願望をまず自覚する

昭和の働き方の「ダメな部分」は、挙げ始めたらキリがありません。ただ、終身雇用（会社がずっと面倒を見る）や年功序列（年齢を重ねると給料も地位も上がっていく）という前提が、理不尽な働き方への不満を押さえつけてきた一面がありました。

その両方が崩れた今、昭和な働き方が目の敵にされるのは当然と言えるでしょう。50代60代の昭和人間に昭和な働き方を教えてくれた上司や先輩を育てたのは、敗戦で焼け野原になった日本を復興させるために、なりふり構わず働いた世代です。当時は、四の五の言ってる場合ではありませんでした。昭和人間が「モーレツ社員」的な働き方を憎み切れないのは、そんな歴史的な背景（呪い？）が影響している可能性があります。

若い頃から引きずっている感覚を変えられずに、「最近の若者は気合いが足りない」と思っている昭和人間は、「過去の自分を肯定して悦に入りたい」というけっこう恥ずかしい動機がベースにあることを自覚したいところ。理不尽な扱われ方をされても陰で愚痴を言うだけで結局は状況に甘んじていたことなんて、自慢にも何にもなりません。

そんなふうに、あの手この手で「昭和な働き方を肯定してはいけない」「令和の働き方のほうがいいに決まっている」と自分に言い聞かせても、なお残る引っかかりがあります。それは「今みたいに上司や先輩に甘やかされるのが当然と思っている若手は、10年後20年後、ちゃんと仕事をやっていけるのか？」ということ。大げさに言うと「日本の将来は大丈夫か？」と心配になります。

元気がないからと思って励ましの言葉をかければ「プレッシャーをかけられた。パワハラだ」と非難する、仕事のやり方について「それは違うよ」と注意すると「傷ついた」とこっちを悪者にする、アドバイスをしたくても「お説教はけっこうです」とケンカ腰になる、そもそも若くて伸び盛りで上司や先輩にあれこれ言ってもらえる時期に、仕事に本気で取り組まないことのもったいなさに気づいていない……。

すみません、書き始めたら止まらなくなってしまいました。

誰も傷つかないやさしい働き方に対する消せない疑問

そんなことを感じるのは、大きなお世話なのでしょうか。いつの時代も年長者は若者に対して、物足りなさやもどかしさを覚えるという原則はあります。

たぶん、今の若者は今の若者で、昭和人間には見えていない長所をたくさん持ち合わせているのでしょう。たとえそうだとしても、これから先も「誰も傷つかないやさしい働き方」の実現が最優先事項とされ、厳しさは悪だ時代遅れだと決めつける風潮がエスカレートしていったら、昭和人間が危惧しているとおり「イマイチ使えない中高年があふれる世の中」を迎えることになる気がします。

ただ、それが悪い世の中かどうか、今は判断できません。若者のみなさんがそういう世の中になることを望んでいるんだとしたら、どうぞご勝手にと言いたくなります。

もしかしたら、この「どうぞご勝手に」に深刻な問題点が潜んでいるかもしれません。昭和人間は「近頃の若者は……」と嘆いていますが、若者の反撃を恐れて言うべきことを言えない昭和人間も、けっこう腑抜けで無責任です。さらに上の世代から見たら、「近頃の中高年は……」と嘆きたくなるでしょう。

そりゃまあ、身内でも何でもない若者の行く末や自分がいなくなったあとの日本の将来より、今の自分の快不快や立場を大事にしたくなるのはやむを得ません。自分ひとりが流れに逆らったところで、大きな流れは変わらないというあきらめもあります。

だからといって「引っかかり」を覚えながら、世間の風潮に合わせて事なかれ主義を通すのは、ちょっとズルい態度かも。過酷な働かされ方に不満を覚えつつも陰で愚痴を言いながら従っていた若い頃から、ぜんぜん進歩がないという見方もできます。

もう少し、自分の中の「引っかかり」を信じて、言うべきだと思うことを言ってもいいのではないでしょうか。今そうしないと、70代を超えてからも自分をごまかし続けて、そのまま人生を終えることになります。想像すると、ちょっと残念な展開です。

「昭和人間とハサミは使いよう」と考える

若者のみなさんにおかれましても、まだまだ半人前である自分の至らなさと向き合いたくないからといって、世間の風向きに乗っかりながら、それなりに意を決して注意してくれた側を悪者にするのは慎みたいもの。それはそれで、ズルい了見です。何より損です。

ただし、昭和人間は「年長者であることに甘えがち」という傾向はたしかにあるので、調子に乗って自分に酔うための説教をしてきたといった場合は、相づちを生返事に切り替えるなどして目を覚まさせてあげてください。

ともあれ、反面教師でも踏み台でも肥やしでもけっこうですので、自分が成長するために昭和人間をご活用いただけたら幸いです。昭和人間とハサミは使いよう、ってことで。

トリセツまとめ

- 昭和的な働き方は、あくまで「遠くにあって思うもの」
- 自分の中にある「引っかかり」を信じて、大切にしよう
- 踏み台でも肥やしでも、若者は昭和人間を活用するが吉

令和のコンプラ社会に感じる〝くすぶり〟はどこから？

昭和人間の多くが共感した「不適切よばわり」への違和感

２０２４年、テレビドラマ「不適切にもほどがある！」（ＴＢＳ系、1～3月に放送）が人気と話題を集めました。絵に描いたような〝昭和人間〟の主人公が、昭和61年から現代にタイムスリップ。昭和の価値観に基づいた発言や行動を繰り返して、コンプライアンス意識でがんじがらめになっている現代の人たちと衝突したり戸惑わせたりします。

昭和人間としては、ドラマを見て激しくうなずきながら大笑いせずにいられませんでした。ただ同時に、微妙な後ろめたさや、たとえば働き方改革にせよコミュニケーションの取り方にせよ、自分の中で「正解」が見つからないモヤモヤも覚えたものです。

このドラマは、けっして「昔はよかった」と言おうとしているわけではないし、昭和の価値観や昭和人間を礼賛しているわけでもありません。令和の時代に生きる私たち昭和人間は、自分たちの感覚と現代の「常識」とのあいだで、どうバランスを取っていけばいいのか。そんな大事な課題を突き付けたと言えるでしょう。

「ふてほど」が昭和人間に限らず幅広い世代から注目されたのは、昨今の世の中にあふれている「不適切よばわり」に対して、おそらく多くの人が疑問を覚えているから。もちろん、昭和人間も世の中の変化をすべて否定したいわけではありません。「昔はよかった。今は世知辛い世の中になった」と、息を吐くように言える残念な昭和人間に対しては、心の中で石をぶつけていただいてもかまいません。

しかし、なんでもかんでも「それは不適切だ」「それはコンプラ的に問題がある」「それは○○ハラスメントだ」と言われると、激しい違和感を覚えてしまいます。その発言が本当に問題があるのかを考えることなく、はやりの価値観に乗っかって「今はそういうのダメなんですよねー」と言える令和の若者と、何の引っかかりもなく「昔はよかった」と言える昭和人間とは、同じ種類のダメさを抱えた似た者同士です。

テレビ番組「ブラタモリ」への批判に感じた違和感

テレビ番組つながりで、昭和人間の一部（多く？）が「『不適切よばわり』にもほどがある！」と感じたのは、2024年春でレギュラー放送が終了すると発表された「ブラタモリ」（NHK）に対する批判でしょうか。

ある大学の先生が、番組についてXに〈よい企画だったと思うが、「高齢男性が若い女性に蘊蓄《うんちく》を垂れる」という「マンスプレイニング」の構図が、ずっと気になっていた。次は、女性が男性にこんこんと説教する番組をやったらいいと思う〉と投稿しました。

ちなみに「マンスプレイニング」とは、強い立場にある男性がおもに女性など弱い立場の人に対して知識を披露したり説教をしたりすること。どんな感想を持つのも、それは番組を見る側の自由です。そして、自分の思ったことをSNSに投稿するのも自由です。いっぽうで、その意見を目にした側が「それは違うんじゃないの？」と疑問を抱いたり、「なんでもかんでも『不適切よばわり』かよ！」と反発を覚えたりするのも自由です。

もちろん、「よくぞ言ってくれた！」と拍手した人もいるでしょう。「そうかなあ？」と引っかかりを覚えつつも、「今はそう言われちゃうよね」と自分を納得させた人もいるでしょう。どの感想もどの受け止め方も、正誤はないし貴賤《きせん》もありません。

いろいろな意見が飛び交うのは、大いにけっこうなことです。昭和人間が気にかかるのは、それぞれの意見によって「言いやすさ」の違いがあるところ。「マンスプレイニングだ！」といった意見に対して、「私も前からそう思っていた」と賛意を表明するのは簡単ですが、「自分はそうは思わない」と異を唱えるのはちょっと勇気がいります。

「ブラタモリ」の件では実名で「それは違う」と異論を表明している方の記事もちらほら目にしましたが、そういう意見をメディアが取り上げたのは、もしかしたら「ふてほど」効果かもしれません。

誰もがお利口さんにならざるを得ない令和社会のプレッシャー

令和が抱えているもっとも深刻な問題点は、誰もが「お利口さん」にならざるを得ないプレッシャーがまん延しているところにあると言えるでしょう。ネットやSNSが発達して、お互いに鵜《う》の目鷹の目で「批判できる対象」を探し合っている状況では、「ちょっとぐらい不適切でもいいじゃないか」「多少はお互い様なんじゃないの」といった意見を表明すると、どこから攻撃の矢が飛んでくるかわかりません。

結果として、無難な〝正論〟ばかりがあふれることになり、たとえそれに違和感を覚えてもほとんどの人は口をつぐんでしまいます。それはSNSやネットだけでなく、実生活でも同じ。後ろ指をさされることを気にして、コンプライアンス様のご意向を従順に受け入れている傾向は、誰の心の中にもあるのではないでしょうか。

そんなことばっかりやっていると、自分で考えることをやめて、世の中の風向きに合わせて出した結論こそが「自分の考え」だと思ってしまいそうです。お見受けしたところ、その時々の風向きを内面化している人は少なくありません。令和においては、そう思い込めることこそが、出世するビジネスパーソンの必須条件になっている節があります。

「髪切ったんだね」は本当にセクハラなのか

世の中全体をトータルに見れば、昭和よりも令和のほうが多くの人にとって「快適な社会」になっているといっていいでしょう。理不尽さの少ない社会と言ってもいいかもしれません。個人的な事情を加味すれば、そうは言えない人もいるでしょうけど。

せっかくの変化を台無しにしないためにも、「行き過ぎでは？」と感じる部分については、昔の良さもダメさも知っている昭和人間が、積極的に疑問を呈していきたいところ。クラスの風紀委員みたいな人（これも昭和な例え？）の声ばかりが大きく響いて、おかげで〝校則〟がどんどん細かく厳しくなっていく状況は、明らかに健全ではありません。

「髪切ったんだね。似合うよ」
「仕事で一人前になりたいなら若いうちに頑張らなくてどうするんだ」

これらのセリフをセクハラやパワハラだと言いたい人は、本気でそう思っているのでしょうか。世間の風潮に合わせて、わかりやすい「不適切」を叩くことで、「自分は正しい側ですよ。責めないでください」と言いたいだけではないでしょうか。その昔、世間の〝常識〟に異を唱える人に「非国民」というレッテルを貼った善男善女のように。

そりゃ、髪型や仕事への取り組み方をあれこれ言われたら、不快に感じることもあるでしょう。人と人との関係において、たまにマイナスの感情が芽生えるのは仕方ありません。言った側の昭和人間だって、若者の言葉によって傷つくことはままあります。

「コンプラの威を借る被害者」でいいのか

そんなときは「このオヤジ、しょうがないな」と、心の中で苦笑いなり舌打ちなりをすればいいだけの話。露骨にムッとして不快感を示してもいいでしょう。自分でカタを付けられないからといって、「コンプラの威を借る被害者」になるのはいかがなものでしょうか。そんなズルをする癖がついたら、どんどん人間関係が苦手になりそうです。

なんて言うと「権力勾配が」といった専門用語を持ち出してきたり、極端なケースを想定して「こういう場合も同じことが言えるのか」と詰め寄ってきたりする人がいるかもしれません。こちらが何を言いたいかはさておき、とにかく「不適切よばわり」しないと満足できないわけですね。その姿勢は十分に尊重しつつ、他山の石とさせていただきます。

あれやこれやと暴論にも〝ほどがある〟主張で、たいへん失礼いたしました。

トリセツまとめ

●行き過ぎだと感じる「不適切よばわり」には異を唱えよう
●「無難な正論」しか口にできない世の中にしてはいけない
●「コンプラの威を借る被害者」になるのはちょっとズルい

大きく変わったビジネスマナーと中高年の「既得権益」

時代によって大きく変わる「マナーの常識」

ビジネスマナーは世につれ、世はビジネスマナーにつれ。

いつの時代も、ビジネスパーソンはその時々の「マナーの常識」をマスターして、それに従って生きています。もちろん、会社勤めのビジネスパーソンに限りません。自営業者にも商店主にも主婦にも学生にもアウトローな方々にも、行動の規範となる「マナーの常識」があります。

「マナー」はけっして自分を縛る窮屈な足かせではありません。「こうしておけば大丈夫」と教えてくれるナビゲーターであり、自分が一人前であることをお手軽に示せる便利な「型」でもあります。

「名刺交換」ひとつとっても、どんなふうに渡そうが受け取ろうが自由ですと言われたら、たちまち固まってしまうでしょう。しかも、相手がどういう人間なのかが捉えられなくて、無限に不安がふくらみそうです。あえて「型」を崩すことで個性を表現する場合もありますが、それも元の「型」がないと成り立ちません。

「上司の引っ越しの手伝い」は今ではほぼハラスメント

ビジネスパーソンの行動や、時には思考とも深く関係している「ビジネスマナー」ですが、その「正解」は、時代によって大きく変わります。

現在60代ぐらいの前期昭和人間が若手だった頃は、上司にお中元やお歳暮を贈る習慣が、まだ残っている業界や会社もありました。その時期の新聞などには、どんなタイミングで何を贈るかという指南の記事が必ず載っていたものです。

令和の今、上司にお中元やお歳暮を贈ったら、たぶん激しく戸惑われるでしょう。年賀状すらすっかり出さなくなったし、バレンタインデーの「義理チョコ」も急激に姿を消しているようです。

昭和の頃は、上司や同僚が病気やケガで入院すると、もちろん容体や状況にもよりますが、何人かでお見舞いに行くのが「マナー」であり、ある意味「義務」でした。今はむしろ迷惑がられるでしょう。

休日をつぶして行う「上司の引っ越しの手伝い」も、部下として当然の務めであり、忠誠心をアピールする絶好のチャンスでした。今、部下を休日に呼び出して引っ越しを手伝わせたら、たぶんハラスメント案件になります。

昭和30～40年代の「サラリーマン映画」には、上司や同僚が海外に出張に行くときに、課のメンバー全員で空港に見送りに行く場面がしばしば出てきます。さすがに、よっぽどベテランの昭和人間じゃないと、そういう経験はありません。新幹線のホームで栄転する上司や同僚を見送るときに、みんなで「バンザイ三唱」をするという〝儀式〟も、かなり前になくなりました。今思うと、あんなハタ迷惑なことよくやってましたね。

当時から存在した「自分で電話をかけられないおじさん」

時代によって消滅した「ビジネスマナー」もありますが、変わらない部分もあります。昭和でも令和でも、後ろ指をさされる「NGな振る舞い」は少なくありません。

昭和57（1982）年に発売されてベストセラーになった『ドタンバのマナー』（サトウサンペイ著、新潮文庫）は、当時のビジネスパーソンにとってバイブル的な一冊でした。「会社人間、最低限のマナー」の章で紹介されているダメな言動から、今もNGだけど、うっかりやりかねない事例をいくつか挙げてみましょう。

「こちら、ぼくの課の課長の吉田さんでーす。前から紹介してほしいって、おっしゃってました」なんて敬語を使ってはいけない。「こちら私どもの課長の吉田です。お見知りおきを」。手のひらを上に向けてさす。誰に対してでも指をさしてはいけない。
（※『ドタンバのマナー』「よその人に上司を紹介するとき敬語を使わない」の項より）

内輪の人間に対して敬語を使わないというルールは十分に浸透していますが、人に向かって指をさす癖がある人はたまに見かけます。それはともかく、令和の今、さらっと「お見知りおきを」と言えたら、「おっ、仕事できそう」と思われるかも。

（電話の）いちばん悪いかけ方は、「Sさんですよね。ちょっとお待ちください「課長！ 課長！ Sさん出ましたよ〜」。人の時間に割り込んでおいて、人を待たせるとは何ごとか！ たかが課長のブンザイで！ いや、部長であろうと、重役であろうと、立派な人はそんなかけかたを絶対していない。」
（※『ドタンバのマナー』「人を呼んでおいて待たせるやつ」の項より）

最近もネット上で「自分で電話をかけられないおじさん」が批判を集めていました。この頃から眉をひそめられていたんですね。待たせること以上に、ちょっと偉くなると部下をアゴで使いたがるセコイ了見のほうが、その人の印象を悪くしそうです。

「キミいくつになった？」×。「入社して何年になる？」×。「ボカァ女性をもっと登用すべきだと思っているんだ」○。「結婚する気はあるわけ？　いちおう」×。（中略）「結婚は23がピークだっていうけどね。ボカァ30でも40でもいいという新しい考えの持ち主なんだ」△。

（※『ドタンバのマナー』「女性に使って悪い言葉×　よい言葉○」の項より）

昭和の頃から、×が付いているようなセリフはNGだと認識されていました。ただ、実際には言う人が多かったようです。令和の今、△の「新しい考え方の持ち主なんだ」というセリフは、「うわ、気持ち悪っ！」と激しく顰蹙を買うでしょう。○の「女性をもっと登用すべき」というセリフも、当時は「進んだ考え方」だったかもしれませんが、今なら「お前が上から目線で言うな！」と袋叩きにあいそうです。

男性も女性も、自動的に得ていた「既得権益」は減った

昭和人間のビジネスパーソンが念入りに肝に銘じておきたいのは、「かつては当たり前だっ

たビジネスマナーの中には、今は時代遅れになっているものが多々ある」ということ。とくに男性は、男性ということで自動的に得ていた「既得権益」が減って、残念に感じることがあるかもしれません。

残念と感じるのは自由ですが、たとえば女性社員にお茶くみ[14]やコピーを頼めなくなったことを嘆いて、「昔はよかった」と言ってしまうのは絶対にタブー。「やってくれとも、やらなきゃダメとも言ってないんだから、いいじゃないか！」と言い張りたい人もいるかもしれません。しかし、そのセリフは「女性社員がやってくれた時代をよかったと思っている＝やってくれない今の女性社員に不満を覚えている」という意味になります。

女性は女性で、昭和の頃は愛嬌《あいきょう》や可愛げを武器にできた部分が大きかったし、決断や責任を男性に押し付けるのが「マナー」だった節もありました。年齢を重ねた今も、何かの拍子に若い頃に刷り込まれた癖がチラッと見えてしまう方もいます。

「それはマナー違反だよ」の正しい扱い方

昭和のビジネスマナーをすべて否定する必要はありません。「報連相を欠かさない」「お礼やお詫びは早く」といった仕事をスムーズに進めるための暗黙のルールや、「人前で耳打ちをしない」「目上の人の前で足を組まない」（どちらも『ドタンバのマナー』より）といった相手に不快感を与えないための気づかいなど、昭和も令和も変わらないマナーもあります。むしろ、変わらないマナーが大半でしょう。

若者のみなさんにおかれましては、昭和人間に「それはマナー違反だよ」と注意された場面で、自分を正当化したくて反射的に「今は時代が違いますから！」とか「誰が決めたんですか！」と反論するのは、くれぐれも慎みましょう。ほとんどの昭和人間は、時代の変化を踏まえた上で、やっぱり大事だと思うからこそ面倒だけど注意しています。

年代を問わず「それはマナー違反だよ」という指摘は、プライドを激しく傷つけるのでしょうか。若者にも昭和人間にも、その言葉を聞くと凶暴になる人がいます。「こういう便利な道具があるよ」「こう使うといいよ」と言われているだけなので、役に立つと思えば聞き入れればいいし、自分には必要ないと思えばスルーしたってかまいません。

ま、たしかに昭和人間の中には、鬼の首を取ったみたいな勢いで（しばしば自分の思い込みで）マナー違反を指摘して、人格まで見下してくる困った人もいます。代わってお詫び申し上げます。

時代ごとの「ビジネスマナー」は、便利に活用しつつも適度に距離を取りたいところ。自分にも他人にも無理強いしないというのが、もっとも大切なマナーと言えるでしょう。

トリセツまとめ

- 誰しも自分にとっての「マナーの常識」を指標にしている
- 「昔はよかった」と既得権益を懐かしむのは、マナー違反
- ビジネスマナーは「便利な道具」と思って付き合えばいい

コラム

「いい質問ですねぇ」「どんだけぇ〜」「今でしょ！」昭和人間の使う平成ワードに潜む大きな危険性

50代や60代の昭和人間にとって、平成時代は「ついこのあいだ」です。しかし、平成生まれの若者にとってはどうでしょう。たとえば2024年時点で30歳の若者にとっての平成20（2008）年は、自分がまだ中学生だった「はるか昔」です。16年前なので、これまでの人生の半分以上を遡らなければなりません。

ちなみに平成20年の流行語には、エド・はるみの「グ〜〜！」や北島康介の「なんも言えねー」、はるな愛の「言うよね〜」などがあります。5年後の平成25年の流行語は、林修の「今でしょ！」、滝川クリステルの「お・も・て・な・し」、ドラマ「あまちゃん」の「じぇじぇじぇ」など。

昭和人間から見ると、平成25年組の「今でしょ！」や「じぇじぇじぇ」は、ちょっと前に覚えた言葉という感覚です。どうかすると、平成20年組の「言うよね〜」や「なんも言えねー」も、「まだ大丈夫」と思いつつ使ってしまいかねません。

いや、もちろん昭和人間も、それらが「過去の流行語」であるのは百も承知です。しかし、「ガチョーン」や「許してちょんまげ」といった「昭和ワード」（P57〜）とは、かなり意識が違うかも。「昭和ワード」は、あくまで「大昔の言葉」という前提で、「あえて使わせていただきます」という謙虚なスタンスで繰り出します。

しかし「平成ワード」に対しては、そこまでの謙虚さや慎重さはありません。冷蔵庫にあった卵の賞味期限が数日過ぎていても、「まだ大丈夫かな」と思いながら使ってしまうのと似た感覚でしょうか。卵は加熱すればたぶん問題ありませんが、不用意に繰り出される「平成ワード」は、その場に緊張感が走るといった小さな惨事を引き起こしかねません。

使用にくれぐれも気を付けたい5つの「平成ワード」

「そんなこといちいち気にしていられるか！」と言い切れる強さを持った人は、そのまま突き進んでください。若者のみなさんがたくさんいる場で、新しめの言い回しをしたつもりで「平成ワード」を使って相手が反応に困っても、笑ってもらうつもりで「平成ワード」を使って相手に気をつかわせても、具体的に問題が生じるわけではありません。

いっぽうで「心の中で『やれやれ、これだから昭和人間は』と思われたくない」という気持ちがある人もいるでしょう。「平成ワード」云々に限らず、自分が使う言葉の選び方に慎重になることは、円滑なコミュニケーションの基本です。気が済むまで気にしましょう。「気にしてられるか！」と言い切れる強さと、自分の言葉を受け取る相手の気持ちを考えない無神経さとは紙一重……というか同じことです。

「あえて面白がりながら『平成ワード』を使うのはまだしも、うっかり今の言葉のつもりで使わないように気を付けたい」という方のために、例文込みで「昭和人間が使うと危険な5つの『平成ワード』」を挙げてみましょう。当然ですが、ほんの一例です。

「**この資料、よくできてるね。山田さんが作ったの。だ・よ・ね～**」

「だ・よ・ね～」は平成7年の流行語。EAST END×YURIのヒット曲『DA・YO・NE』から生まれた。続いて発売された『MAICCA～まいっか』もヒット

「**いいか、今度のプレゼンは、最高で採択、最低でも採択だ！**」

「最高で○○、最低でも○○」は平成12年の流行語。柔道の田村亮子がシドニー五輪の際に

「最高で金、最低でも金」と意気込みを語った

「佐藤専務って、いかにもちょいワルオヤジって感じだよね」

「ちょい不良《ワル》オヤジ」は平成17年の流行語。中年男性向けの雑誌『ＬＥＯＮ』が発信源。同誌は「ちょいモテオヤジ」も提唱したが浸透度はいまいちだった

「おいおい、３人で焼き鳥30本って、どんだけぇ～！」

「どんだけぇ～！」は平成19年の流行語。タレントのＩＫＫＯが発信源。ＩＫＫＯ自身は今も使い続けているが、本人が使うのと他人が使うのとは意味合いが違う

「ふむふむ、なるほど。いい質問ですねぇ」

平成22年の流行語。ジャーナリストの池上彰がテレビ番組などで繰り出すセリフ。本当に「いい質問」のときにも使えるし、考える時間を稼ぎたいときにも使える

説明文にある「平成○年の」は、もっとも流行したと思われる時期を指しています。「もっと前からある」「はやったのはその年だけじゃない」など、存分に突っ込んでください。

「地球にやさしい」「価格破壊」「マイブーム」「リベンジ」「カリスマ」「ワタシ的には」なども平成の前半に流行語になった言葉。その後広く定着したので、使っても微妙な古さを醸し出すことはありません。平成の後半に流行語になった「自己責任」「想定内」「ググる」「婚活」「パワースポット」「マウンティング」なども同様。このへんの全般的に意識が高めな言葉を積極的に使いたいかどうかは、また別の話ですが。

「マッチングアプリは怪しい」「メールより電話が丁寧」も平成の刷り込み

気を付けたいのは「ワード」だけではありません。昭和人間は平成の頃に刷り込まれた「新しい価値観や常識」が、令和の今も「スタンダード」だと思う癖があります。

平成の前半に「就職氷河期」が大きく話題になった影響で、「若者が就職するのはたいへんだ。新入社員は狭き門を通り抜けてきた際立って優秀な人材だ」と認識し続けているケースは少なくありません。必ずしも間違いではないかもしれませんが、就職状況が大きく変わっている今、それだけだと多くのことを見誤りそうです。少なくとも、今の若者には「正社員の座をつかみ取った自分は特別な存在だ」という思いはないでしょう。

昭和人間が仕事でメールを広く使い始めたのは、平成の中頃でした。当時、上司や先輩から叩き込まれた「メールよりも電話のほうが丁寧だ」「メールでお詫びをするなんて失礼極まりない」といった認識は、もはや完全に時代遅れ。しかし、メールと出合った初期に刷り込まれた「常識」を上書きするには、それなりの自覚と気合いが必要です。

男女関係のあり方も、大きく変わりました。「アッシー」「メッシー」[15]という言葉が流行した平成初期は、「男性は女性に徹底的に尽くす」というアプローチが良しとされていました。今よりもはるかに根深い男女差別が存在していた時代ですが、そこからは目をそらしつつ、男女とも「お姫様と家来ごっこ」を楽しんでいた節があります。しかし、今の若者には、そんな茶番に費やすエネルギーも暇も懐の余裕もありません。

昭和人間は「マッチングアプリ」のことも激しく誤解しています。たしかに、平成の頃の「出会い系サイト」は、いかがわしい要素が詰まりまくっていて、出会ったきっかけとして大っぴらに発表できるものではありませんでした。しかし昨今、若いカップルが「きっかけはマッチングアプリです」と言うのは、かつて昭和人間が「きっかけは友だちの紹介です」と言っていたのと同じぐらい一般的になっています。

若者のみなさんにとっては、昭和人間が的外れなコメントやアドバイスをしても、「いつものこと」という認識でしょう。ただ、昭和人間が過ごしてきた時代背景に少しだけ思いを馳せる癖をつけると、やがて自分が50代60代になったときに、若者から「だから平成生まれは」とウンザリされる事態を少しは予防できるかも。ま、そんな先のこと言われてもピンとこないですよね。自分たちもそうでした。広い意味では同じ宿命を抱えた似たもの同士ってことで、引き続きよろしくお願いします。

第4章

男らしさ・女らしさという呪縛

【昭和人間とジェンダー】

他人に「結婚がらみの暴言」を吐く昭和人間の心理とは

「結婚して一人前」「独身は訳あり」暴言はどこから生まれるか

昭和人間の一部には、ふとした拍子に「他人の結婚問題に関して暴言を吐く」という不具合が発生します。理由につながりそうなデータは後述しますが、とくに現在50代半ば以上の前期昭和人間は要注意。


「ねえ、○○さんは、どうして結婚しないの?」

「あそこの娘さん、40超えてるのに独身なんですって」「あらまあ、お気の毒」

「女の子なんだから、仕事はほどほどにして早くいい人見つけなきゃね」

「お前もそろそろ身を固めなきゃな。男はやっぱり結婚して一人前だよ」

「ずっと独身のヤツを見てると、男も女も性格にどっか難があるよね」

大きなお世話だったり単なるイチャモンだったりで、どれも言われたら極めて不愉快なセリフです。しかし、言っている本人は何が問題なのかわかっていないので、言われた側がムッとして「ほっといてください！」と返したりすると、心の中で「そんな調子だから結婚できないんだ」などと暴言を重ねます。

結婚至上主義の呪縛から逃れられない前期昭和人間

この手の不具合が引き起こされるのは、多くの昭和人間の基本OSに「男も女も結婚して一人前」「結婚は人間が幸せになるための必須条件」「いつまでも結婚できないヤツは何か問題がある」という前提がインストールされているから。なぜそうなったのかを探るために、昭和と今の結婚事情を比べてみましょう。

国勢調査に基づく内閣府の資料によると、男女の50歳時未婚率（お役所的には「生涯未婚率」とも呼ばれていますが、この言い方もどうかと……。50歳を超えて結婚する人は「想定外」扱いのようです）は年々増加していて、令和2（2020）年は男性が28・3％、女性は17・8％です。「結婚しない人生」は、もはやぜんぜん珍しくありません。

この数字が勢いよく増加し始めたのは、平成に入ってからです。昭和真っただ中の昭和45（1970）年は男性1・7％、女性3・3％で、昭和55（1980）年も男性2・6％、女性4・5％と、結婚しない人は「ごく一部の例外」という世の中でした。国の制度も会社の制度も子どもに対する親の期待も子ども自身の将来像も、すべてが「誰もがいつかは結婚する」という前提の上に成り立っていたと言えるでしょう。

30〜34歳の未婚率はどうか。令和2年は男性47・4％、女性35・2％で「結婚している人のほうがやや多い」ぐらいです。遡って昭和45年は、男性11・7％、女性7・2％で、30歳を超えて結婚していない人は「珍しい存在」でした。当時は25〜29歳でも、男性の半分以上、女性の8割強が結婚しています。

同じ昭和人間でも、昭和46年以降に生まれた後期昭和人間は、まだ令和の今との意識のギャップは小さめ。周囲の同年代に独身のまま50代になった人がゴロゴロいて、その人たちはけっして特別な傾向があるわけではなく、不幸な人生を送っているわけでもないことを肌で知っています。冒頭のようなセリフが時代錯誤であることも、それなりにわかっています。

しかし、昭和45年以前に生まれた前期昭和人間は、男女を問わず、昭和では一般的だった「結婚至上主義」が色濃く染みついているケースが少なくありません。いわんや、いにしえの昭和人間をや。

既婚者が既婚であることにひそかに優越感を覚えるのは勝手ですが、独身のまま年齢を重ねた前期昭和人間が「結婚至上主義の呪縛」から逃れられずに、「結婚していない自分」を否定したりコンプレックスを抱いたりというケースも多々あります。それはそれで、きしみを減らす調整が必要と言えるでしょう。

物分かりのいい大人のフリはかえって逆効果になることも

昭和人間が結婚がらみの話題で不具合を起こさないためには、令和の今、結婚は決して「当たり前のこと」ではないと念入りに確認しておくことが大切。

30代後半の未婚率と50歳未婚率を比べて、結婚した人の割合をざっと推測すると、現在30代で結婚していない人が、その後に結婚する可能性も半分以下です。「まだ結婚していないけど、いつかはする」という前提でのアドバイスは、まったく意味がありません。

平成生まれの若者たちは、「結婚するのが一人前」「結婚するのが幸せへの道」という気持ちをまったく持っていないことも、十分に認識しておきましょう。「結婚適齢期」という言葉は、その概念も実態も完全に消滅しました。


昨今、「結婚しているかどうか」を気軽に尋ねるのがタブーとされているのは、その質問の根底に「年ごろになったら結婚するのが当たり前」という過去の価値観の押し付けが感じられるから。聞かれた側の年齢によっては、聞いた側はそんなつもりはなくても、「ちゃんとした人間」か「何か問題がある人間」かをジャッジされているようにも感じます。

それだけ根の深い問題をはらんでいるので、物分かりのいい大人のフリをしようとして「いやあ、最近は女性に結婚してるかどうかを聞いちゃいけないんだよね」「いやあ、独身のままの人生も、きっといいもんだよ」などと発言するのは、完全に逆効果。むしろ「ぜんぜんわかっていない」ことを強く印象づけることになります。

昭和人間の「結婚しないの?」に対するゆかいな対処法

周囲の昭和人間に暴言を吐かれた場合は、どう対処すればいいのか。

結婚しない人が数パーセントしかいなかった時代に育った人が、「結婚するのが当たり前」という感覚を捨て切れないのは、まあ仕方ありません。「そういう人」だと思えば、感覚のズレに対して少しだけおおらかな気持ちになれるでしょう。

「どうして結婚しないの」的なことを言われたら、「なるほど、結婚するっていう生き方もあるわけですね」と返すのがオススメ。話が通じないことを思い知らせれば、二度とこの手の話題を振ってこなくなります。

気持ちと時間に余裕があれば「〇〇さんは、結婚してよかったと思ってますか?」と尋ねてみても楽しいかも。「うーん、まあ、よかったんじゃないかな」と遠慮がちに答える人もいれば、予想外の質問をされて考え込んでしまう人もいるでしょう。「いいとか悪いとかの問題じゃないんだよ!」なんて、いかにも「痛いところを突かれた感」にあふれた反応をしてくれたら、それはそれで一興です。調子が悪くなった家電製品をゆすって、どんな反応をするかを確かめてみるのと似ていますね。

現状を否定し過去を美化するのは「型落ち」の人間である証拠

結婚観の変化が「いいこと」か「悪いこと」かは、今の時点では判断できません。昭和人間としては、少子化などとからめながら「昔のほうが望ましい状況だった」と言いたいところです。しかし、きっとよくない要素も多かったから時代とともに変化してきたのでしょう。

変化の功罪のジャッジは歴史に任せるとして、現状を否定して過去を美化したがるのは、自らが「型落ち」であることの何よりの証明です。変化した現状に文句を付けることで、いいことを言っている気になるのも、昭和人間の困った特性のひとつ。甘い誘惑に負けないように、くれぐれも気を付けたいものです。

トリセツまとめ

- 結婚状況の変化を知ることは、暴言という不具合を防ぐ第一歩
- 暴言をまともに受け止める必要はない。ゆすってみて楽しもう

●変化の功罪をジャッジするのはずうずうしい上にうっとうしい

ヒンシュク発言を招く「女はこうあるべき」という刷り込み

職場で無意識に顰蹙を買う昭和人間の発言

昭和人間は、自分でもわかってはいますが、さまざまな不具合を抱えています。かつては「そういうもの」としてスルーされてきた部分も、時代の変化とともにズレが拡大するなどして、トラブルの原因になるケースが増えてきました。相手のためを思っての言動が、ひそかに顰蹙を買ってしまうこともあります。

このあたりのリスクは、後期昭和人間よりも前期昭和人間のほうが高いかもしれません。ただ、同じ年代でも個人差が大きく、無意識のうちにやらかしたときに周囲から向けられる視線は、後期昭和人間のほうがより冷たいと言えるでしょう。

たくさんの落とし穴が潜んでいるのが、「女はこうあるべき」「男はこうあるべき」といった性別による決めつけがからんでくる場面。ここでは、昭和と今とのギャップがより大きそうに見える「女はこうあるべき」をめぐる不具合にスポットを当ててみましょう。

「女の子なのにお茶も満足にいれられないなんて」
「男の人を上手におだてて転がすのが一人前の女よ」
「この机の上、女とは思えない散らかりっぷりだな」

かなり減ったとはいえ、令和の職場でもこの手のセリフは絶滅したわけではありません。昭和人間の一部は、無意識のうちに、とくに悪気もなく、むしろよかれと思って、「女はこうあるべき」という前提に基づいた発言をしてしまいます。

「気を付けているから大丈夫」「こんなこと怖くて言えない」と思ったあなたも、油断は禁物。口にはしなくても、心の中に「まあ、本当のところはそうだよね」という気持ちがある場合、いつどんな拍子に不具合が発生するかわかりません。

若者のみなさんから見ると、こうした考え方や決めつけは、さぞ腹立たしかったり理解に苦しんだりすることでしょう。ご迷惑をおかけしていて申し訳ありません。

さっきから「女は」と書いていますが、けっこうヒヤヒヤしています。「『女性は』と書くべきである」というご意見もあるかもしれません。しかし、昭和的な価値観の押し付けの話をしている流れの中では、「女は」のほうがニュアンスがより正確に伝わると判断いたしました。そのへんをおくみ取りいただけたら幸いです。

アンコンシャス・バイアスは女性側にも刷り込まれている

不具合を生じさせている原因は、つまるところ無意識の思い込みや偏見です。はやりの言葉で言うと「アンコンシャス・バイアス」。あんまり略しませんが、あえて略すと「アンバイ」ですね。これとアンバイよく付き合わないと（これが言いたかっただけ）、みっともない姿をさらしたり、自分で自分を縛り付けたりすることになってしまいます。

もし昭和人間の女性であるあなたが、ここまで読んで「そうそう、昭和人間のおじさんたちは『女はこうあるべき』っていう思い込みが強いよね」と思ったとしたら、人のことは言えません。無意識の思い込みが刷り込まれているのは、男性だけでなく女性も同じです。「いや、だって、男性の思い込みのほうが多いだろうし……」と言い返したくなったとしたら、さらに反省しましょう。もし男性のほうが多いとしても、そこは関係ありません。数が多いことが思い込みを正当化する理由になるなら、仮に「女はすぐ感情的になる」と思っている人が多数派だったら、その一方的な決めつけは正しいことになってしまいます。

「女性ならではの視点」「女子力高い」ホメたつもりが……

といった具合に、無意識の思い込みから逃れるのは容易ではありません。昭和人間も平成から令和を生きてきた中で、たくさんダメ出しされたり痛い目に遭ったりして、多少は心を入れ替えました。発言に気を付けるようにもなっています。しかし、それでも防げないのが「よかれと思って」口にした発言の根底に、「女はこうあるべき」という思い込みが潜んでいるケース。昭和人間がとくに気を付けたいのが、この手のセリフです。

「女性ならではの感性が発揮されていて、いいねえ」

「女性ならではの感性（センス、きめ細かさ……etc.）」という言い方は、ホメ言葉ではありません。「女性ならでは」とくくらず、その人ならではの感性をホメましょう。

「女性なのにここまで論理的に考えられるなんて、たいしたもんだ」

「女性なのに」をつけることで、より念入りにホメたつもりかもしれません。しかし、それはかなり失礼な前置き。「女性にしては仕事ができる」的な発言も同様です。

「お茶をお出しするのは、あなたみたいに若い子のほうがお客様に喜ばれるから」

かつて自分も先輩にこう言われて、ちょっとうれしかったのかもしれません。実際にそのほうが喜ぶお客様もいるでしょう。言われた側にとっては、そこがまた不愉快です。

「女の子に重いものを持たせるわけにはいかないからね」

思いやりを発揮したつもりでも、相手は半人前扱いされたと感じるでしょう。ただし、「女の子に重いものを持たせるなんて！」と怒る人もいるのがややこしいところ。

「そんなに仕事を頑張らなくても、あなたならいつでももらい手があるわよ」

これをホメ言葉のつもりで言えるのは、「仕事の能力よりも花嫁市場で高く評価されるほうが価値が高い」という考え方がベースにあるから。しかも「もらい手」って……。

他にも、親切なアドバイスのつもりで「もう少しかわいげがないとモテないよ」なんて言うのは大きなお世話だし、相手が言い間違いをしたときに「気にしなくていいよ。女の子はバカなほうがかわいい[16]から」とフォローするのは侮辱でしかありません。

「女子力[17]高いね」「やっぱり女の子だね」といったホメ方も、「この人は女性を一段低く見たいんだな」と思われるリスクが高いと認識しておいたほうがいいでしょう。「そんなつもりはない」と言い張っても、決めるのは聞く側です。

このように「女はこうあるべき」という無意識の思い込みは、昭和人間にさまざまな試練や厄災をもたらします。少しでも防ぐための第一歩は、「自分の中には無意識の思い込みがある」と自覚して常に意識すること。「えー、女なのに……」と思ったら、背後に「女はこうあるべき」という思い込みが見え隠れしていないかチェックしてみましょう。

違和感は口に出さず心の奥でくすぶらせ続ける

ただし、昭和人間の思い込みや男女観がすべて間違っていて、若い人たちの「意識高いジェンダー観」がすべて正しいとは限りません。どちらも、時代ごとの流行の考え方に影響を受けているという点では五十歩百歩です。

現時点では「揺るぎない正解」とされている考え方も、30年後40年後の若者には「当時はひどいこと言ってたんだな。今じゃ考えられないけど」と言われることでしょう。現在の「ひどいこと」も、かつては「正解」だったように。

そんな前提を踏まえた上で、若い人たちは「今、自分が正解だと思う考え方」を信じればいいいし、昭和人間は昭和人間で「さすがに昔の自分は間違ってたかも」と反省して軌道修正したり、場合によっては、心の奥に「なんかちょっと違うんじゃないかな」という違和感の火種をくすぶらせ続けていればいいんじゃないでしょうか。

ただし、人に不快感を与えないようにしたり、後ろ指をさされたりしないためには、現時点で主流になっている考え方に従うのが無難です。というか、人を不快にさせずに日々を平穏に生きることの重要性に比べたら、しょせんは思い込みや手前みそな都合の反映である〝主義主張〟なんて、定食におけるパセリほどの価値もありません。

昭和に培われた無意識の思い込みに振り回されるのも危険ですが、令和に跋扈《ばっこ》する「アップデート」という名の同調圧力に支配されるのも十分に危険です。くれぐれも気を付けましょう。

トリセツまとめ

- 「女はこうあるべき」という無意識の思い込みを自覚したい
- その手の思い込みに縛られているのは男性も女性も同じ
- 令和の新しい価値観を手ばなしでありがたがるのは危険

「男はこうあるべき」への呪縛もさまざまな悲喜劇を巻き起こす

叱咤激励や弱さアピールの場面で持ち出される「男」の概念

ここからは「男はこうあるべき」が引き起こす不具合にスポットを当ててみましょう。昭和人間に染みついている「男はこうあるべき」の呪縛は、さまざまな悲喜劇を巻き起こしています。

「なよなよしてないで男らしくシャキッとしろ」
「男っていうのは繊細な生き物なんだよ」
「えっ、ダンナさんの食事の用意してないの!?　大丈夫?」

たとえば、あなたのまわりの昭和人間が、こうしたセリフを口にしている光景を目にしたことはないでしょうか。言った覚えがある方もいるかもしれません。

「男らしくしろ」は、叱咤《しった》激励の場面で使われがち。昭和人間がイメージする「男らしい男」は、昔の学園マンガの番長[18]に近いでしょうか。あるいはアクション映画の主人公も、ちょっと入っていそうです。いずれにせよ、べつに目指したくはありません。

いっぽうで、「繊細な生き物」だとか「いくつになっても甘えん坊」だとか、弱さをアピールしたいときにも、「男」であることが理由にされます。「男」を「女」に入れ替えても、とくに不都合はありません。こういう言い方をする人は、自分の弱さを言い訳するために「男」を持ち出してきているわけです。やることがセコイですね。「男のくせに」。

食事の用意うんぬんは、中年以上の女性が言いがち。よその夫に対して、妻が食事の準備をしてあげないと何もできないダメ男だと決めつけているわけで、かなり失礼です。ただし、本気で心配しているわけではありません。自分が「夫の食事を欠かさず用意するできた妻」であることのアピールだと思ったほうがいいでしょう。

ヒンシュク発言の背景にある5つの原因を考える

よっぽどマイペースなタイプはさておき、ほとんどの昭和人間は「男はこうあるべき」という決めつけはよくない、今どきそれをしたら若い人たちから後ろ指をさされるということは、十分にわかっています。「男のくせに女の腐ったようなヤツだな」というセリフは、たとえギャグやパロディーの文脈でも怖くて口にできません。

気を付けているつもりでも、うっかり「顰蹙を買う発言」をしてしまうのはなぜなのか。自覚なく決めつけて、それを有益なアドバイスだと思ってしまうのはなぜなのか。みっともなくて迷惑な不具合を引き起こす「５つの原因」に着目してみましょう。

原因その１「自分の狭い経験や見聞がすべてだと勘違いしている」

例「その弁当、自分で作ったの！　変わってるねー」

例「男の人って、結局マザコンだからさー」

【解説】自分の中にある「男とはこういうもの」という決めつけは、まったく信用できません。そして「こういうもの」と「こうあるべき」は、限りなく近い関係にあります。世の中は広いし、男もいろいろという当たり前のことに気づきましょう。

原因その2「〝わかっている自分〟を示したつもりが裏目に出る」

例「今の時代、男も料理のひとつぐらいできないとね」

例「うかうかしてたら女性に負けちゃうかもしれないよ」

【解説】発言の背後には「本来、男は料理なんてしないもの」「普通にしていれば男性が女性に負けるはずがない」という前提が横たわっています。自分は世の中の変化についていけていると思っている人ほど、こういうピントがズレたことを言いがちです。

原因その3「マウンティングしたいという誘惑にあらがえない」

例「ウチの夫は私の手の平の上で上手に転がってくれたから」

例「クルマぐらい持ってないと女の子に相手にされないよ」

【解説】要するに「自分は夫を上手に転がした」「自分はクルマを武器にいい思いをした」と自慢してマウントを取りたいだけ。自分の中に「男はこうあるべき」という古式ゆかしい前提があるので、自慢ではなく有益なアドバイスだと思い込むことができます。

原因その4「後ろめたさや罪悪感を正当化したいと願ってしまう」

例「男には付き合いっていうもんがあるんだよ」

例「はっきりプロポーズして来ないほうが悪いと思わない？」

【解説】「男には」と主語をでかくすることで、「だからしょうがない」という顔ができます。また、恋愛関係で悲しい破局があったとしても、相手が「男はこうあるべき」という務めを果たさなかったせいにすれば、自分の至らなさを直視する必要はありません。

原因その5「女性をおとしめることで男性である自分を持ち上げる」

例「女はすぐに足の引っ張り合いをするからな」

例「女同士の人間関係はドロドロしてるもんね」

【解説】この手の発言は、女性をおとしめることで「それに引き換え男はそうじゃないからエライ」と言おうとしています。足の引っ張り合いも人間関係のドロドロも、むしろ男のほうが得意かも。「こうあるべき」にちゃっかり乗っかっているズルい言い方です。

昭和人間としては、男性も女性も、不具合を起こす5つの原因をあらためて胸に刻みましょう。それぞれの怖さを十分に認識すれば、困ったひと言を口に出す前に安全装置が働いて、トラブルを防ぐことができるかもしれません。つい言ってしまった場合も、5つのうちどの原因が引き金になったかを検証することで、再発防止につながります。

「男はこうあるべき」発言の背景はたいていいじましい、と心に刻んでおく

若者のみなさんにおかれましては、昭和人間が「男はこうあるべき」をベースにした不愉快な発言やトホホな発言をした場合は、お手数ですが、5つのうちどれが原因になったのかを考えてみてもらえると幸いです。

言ってしまえば、5つとも「いじましい動機」ばかり。「ここまでして自分を大きく見せたいのか」とあきれることができたら、不快感や怒りも鎮まるかもしれません。悲哀を感じたり、同情を寄せたりする手もあります。

どんな機械もどの世代の人間も、バグや不具合があるのはお互い様。わかりやすい欠点をつついて「だから昭和人間は」と責めるのは、昭和人間が「男はこうあるべき」を根拠に若者に嫌なことを言うのと同じ構図です。わかり合えない部分はわかり合えないでいいとして、お互いにエールを送りながら、なるべく仲良くやっていきましょう。

トリセツまとめ

- 「男はこうあるべき」という呪縛は思った以上に手ごわい
- 5つの原因を押さえておけば不具合を減らせる……かも
- あきれてしまうことで不愉快な発言への怒りを鎮められる

出産と育児に関する発言はたいてい地雷を踏む

「次は赤ちゃんだね」「2人目まだ？」危険な3つのセリフ

「大人になったら結婚して子どもを育てる」というのが、昭和における鉄板の人生設計でした。それが「当たり前の務め」であり、幸せの必須条件とされてきた節すらあります。

もちろんそんなことはありません。いくら昭和人間だって、頭では「いろんな生き方がある」とわかっています。しかし、若い頃に刷り込まれた価値観は、なかなか拭い去れません。そのせいで昭和人間は、出産や育児に関して「暴言」を吐いてしまいがち。本人に悪気がないところが、また厄介です。

もしここ数年のあいだに、次の3つのセリフのうちひとつでも口にした覚えがあるなら、出産や育児に関する自分の感覚に危機感を覚えたほうがいいでしょう。

「（結婚した部下や後輩に）おめでとう。次は赤ちゃんだね」
「（子どもは一人だと聞いて）早く2人目を作らなきゃね」
「（育休を取る男性の部下に）ダンナが家にいたって役に立たないんじゃないの」

結婚したら子どもを産むのが当然と決めつけたり、きょうだいがいるのが当然と決めつけたり、ダンナは家事や育児をロクにしないで妻がやるのが当然と決めつけたり……。いずれも、言われた側は激しくモヤモヤせずにはいられません。

もし「3つとも口にした覚えがある」という方は、悪いことは言わないので、若者と出産や育児の話はしないほうが身のためです。十分に気を付けているつもりでも、念入りに染みついた「昭和的価値観」が、言葉の端々からにじみ出てしまうでしょう。

「3人目！　少子化対策に貢献してるね」もホメ言葉ではない

昨今、昭和人間にとって危険な落とし穴となっているのが「少子化」という言葉。友人の息子や娘の夫婦に2人目ができたという話を聞いて、「平均の出生率を超えたね。たいしたもんだ」なんて言ったことはないでしょうか。他愛のない軽口ではありますが、その夫婦はお国のために子どもを産んだわけではないので、微妙に失礼です。

あちこちで「少子化が深刻」と言われるようになって、戦時中に国が囃し立てた「産めよ殖やせよ」の発想が息を吹き返しています。一部の昭和人間は、「社会的な視点を持っていることを示したい」という下心もあって、個別の夫婦の子どもの数と「少子化対策」をからめがち。「ほお、子どもが3人か。少子化対策に貢献してるね」などと言って、ちょっとドヤ顔になるという困った特徴もあります。

あらためて、出産にまつわる「日本の平均値」の変化を見てみましょう。

厚生労働省「人口動態統計」によると、一人の女性が一生のあいだに出産する子どもの人数を示す「合計特殊出生率」は、昭和50（1975）年に2を下回り、その後も減少傾向が続いて、2023年には過去最低を更新する1・2でした。

「夫婦の完結出生児数」も、昭和15（1940）年の調査では4・3人、昭和32（1957）

年が3・6人、令和3(2021)年は1・9です。「ひとりっ子」の割合は、昭和50年代から平成の中頃までは約10%でしたが、平成22(2010)年の調査で一気に増えて、約20%となりました。

第1子出生時の母親の平均年齢は、昭和50(1975)年は25・7歳、平成27(2015)年に30歳を超え、令和4(2022)年は30・9歳です。

「出生率の低下」に関しては、よく話題になることもあって、前述したような落とし穴にはまりがち。もはや「ひとりっ子」は当たり前だし、20代で第1子を産むのは「早いほう」です。どちらも都会では、さらにその傾向が強いでしょう。現状を押さえておくことは、的外れな暴言を吐かないための第一歩です。

「保育園なんてかわいそう」「無痛分娩ねぇ……」の危険性

昭和人間が悪気なく(むしろよかれと思って)暴言を吐いてしまうのは、とくに若い女性に対してです。リスクがあるのは、男性の昭和人間に限りません。女性の昭和人間も十分に気を付けたいところ。男女ともに後期昭和人間よりも前期昭和人間のほうがよりリスクが高いと思われますが、後期は後期で「会社内など、出産当事者である世代との接点が前期の人たちよりも多い」という意味でのリスク要因があります。

最初のほうに書いた「3つのセリフ」もその一例ですが、昭和人間が吐きがちな暴言をいくつか挙げてみましょう。

「子どもを産むなら若いうちがいいわよ。30超えると体力的にきついから」

↓そういう一面はあるかもしれませんが、それぞれに事情や考えがあります。無意識のうちに、自分の経験を自慢したくて言っているケースも少なくありません。

「お子さんが待ってるんじゃないの。早く帰ったほうがいいよ」

↓小さな子どもがいる女性の部下が残業していたり、飲み会に出席していたりするときに言いがち。本人は考えた上でそうしているわけで、もちろん大丈夫なように手は打っています。いっぽうで少しの後ろめたさはあるので、なおさらカチンときます。

「まだ小さいのに保育園なんてかわいそう。3歳までは母親が見てあげないと」

↓いわゆる「3歳児神話」に基づいた発言ですが、科学的な根拠はまったくありません。このセリフも、自分の子育ての仕方を肯定したいという動機が根底にあると見ていいでしょう。「やっぱり手作りおやつじゃないと」の類も同じ構図です。

「無痛分娩ねえ……。やっぱり『産みの苦しみ』を経験しないと、母親としての愛情が湧いてこないんじゃないかな」

↓間違いなく、そんなことはありません。昭和人間がそれを選ぼうとしている我が子などに言うのは、極めて大きなお世話です。昭和人間スピリットを持った平成生まれの夫が、無痛分娩を提案した妻にこう返したら、瞬時に信頼や愛情がなくなるでしょう。

「男のくせに泣くんじゃない」「女の子なんだからもっとおしとやかにしなさい」

↓幼い孫に向かって。若い親世代は、昭和人間が思うより何倍も強く、昭和のジェンダー意識に対する違和感や反発を抱いています。服装やオモチャに関しても「男の子らしくない」

「女の子らしくない」という発言はタブー。無自覚に繰り返していると、子ども夫婦は「ジイジやバアバには、なるべく会わせないようにしよう」と決意するでしょう。

昭和人間が出産や育児に関して、いつまでも過去のイメージや価値観を引きずっていることに対しては、大いに反省する必要があります。不用意な暴言で若い世代をイラつかせないように、くれぐれも注意しましょう。

「違う時代で育ったんだから仕方ない」という割り切りも必要

いっぽう若者のあいだで、出産や育児に関する話題が、ナイーブなものになり過ぎている傾向もあります。昭和人間が古臭い発言をしたときに、面と向かって反発するかどうかはさておき、ここぞとばかりに怒りをたぎらせたり罵倒の言葉を並べたりしがち。「昔ながらの価値観は容赦なく成敗していい」と認識されている気配もあります。

けっして、昭和人間の至らない部分を正当化したいわけではありません。ただ、多少の的外れな失言は「違う時代で育った人なんだから仕方ない」とスルーしたほうが、お互いに幸せなのではないでしょうか。昭和人間のほうだって、世代や時代が違うことで生じる違和感をしばしば飲み込んでいます。開き直りに聞こえたらすみません。

これは言っちゃいけないのかもしれませんけど、若者のみなさんにおかれましては、自分自身が「出産や育児に関する昔ながらの呪縛」にがんじがらめになっていることが、激しく腹が立ったり反発したりする一因になっている節はないでしょうか。いや、だからこそ迂闊な発言には十分に気を付ける所存ではありますが。

大事な話だけに、自分とは違う意見やいろんなアドバイスをムキになってはねつけるのではなく、ちょっとは耳を傾けてもいいかもしれません。「どうでもいい」と思えばスルーすればいいし、たまに役に立つことがあれば儲けものです。ただ、昭和人間は気持ちよく話させるとすぐ調子に乗るので、そこはご注意ください。

トリセツまとめ

● 染みついた〝昭和の常識〟は随所で顔を出してしまう

- ドヤ顔で「少子化」がらみの発言をしないように注意
- ナイーブな話題になり過ぎている弊害も意識したい

「昭和のゆるい浮気観」が生み出す若者世代との深い溝

男の浮気は「仕方がないこと」で、妻は耐えるのが美徳？

人生相談や悩み相談は、その時代の世の中の価値観を映す鏡です。そして、世の中の価値観は、個人の価値観に影響を与えずにはいられません。昭和人間の根幹には、昭和の価値観が染みついていることでしょう。頭では「今は時代が違う」とわかっているつもりでも、無意識の言動や考え方のベースになっている可能性は大です。

「夫の浮気」は、昭和も令和も人生相談の定番の悩みのひとつ。悩む妻に対して、回答者がどんな〝解決策〟を提案するか。そのスタンスは、昭和と令和とでは大きな違いがあります。昭和の人生相談の回答を見ることで、自分の中に巣食っているかもしれない「昭和の浮気観」と向き合ってみましょう。

まずは、昭和48年10月1日付「読売新聞」の「人生案内」より。28歳の夫から過去の浮気を打ち明けられた22歳の妻。「普通の男ならだれでも、結婚していても女性と遊びたいのだ」と言う夫に、不信感が募っているとか。「男性はなぜ、こんな考えを持つのでしょうか」という問いかけに対して、精神科医の島崎敏樹さんはこう答えます。

〈ご主人のことばに「家庭は絶対こわさないが、少しぐらい遊ぶのは許すべきだ」とありましたが、これは身勝手でむりです。あらかじめ「許すべき」ではなくて「ボクのまちがいだった、ユルシテクレ」と過失を悔いるしか許されぬはずです。（中略）ユルセナイ、理解デキナイ、でとおすのも妻として当然の純潔さでしょうが、これで夫をいじけさせ、はじきだしてしまうのは少々愚かかと考えます。正直のところ、いいご主人にめぐまれておいでのこと。「夜も眠れない」でなしに、ご主人と並んでよく眠るのが賢い妻の出方といえるでしょう。〉

いちおう夫を非難して妻に同情を寄せてはいますが、要するに夫の浮気を許さない妻は「愚か」で、理解を示して許す妻が「賢い」と言っています。たしかに昭和の頃は、男の浮気は「仕方がないこと」で、妻は耐えるのが美徳とされていました。もし令和の今、夫の浮気を許さない妻を「愚か」だと言ったら、激しい批判を浴びそうです。

夫婦は添い遂げることが大事という価値観の縛り

続いては、昭和60年8月10日刊『泥沼流人生相談――あなたの人生に「実力」をつける本』(米長邦雄著、ネスコ)より。45歳の夫の浮気に悩む35歳の妻からの相談です。23歳の「会社の女の子」と「すっかりいい仲になっていた」とか。夫は「遊びだよ」とすぐにでも別れるそぶりを見せたものの、半年たっても別れる気配がありません。「離婚すべきなのでしょうか」と尋ねる相談者に、棋士の米長邦雄さんはこんな言葉を贈ります。

〈失礼ながら女ということであれば、彼女の肉体の方が良いとご主人は思っているに相違ない。しかしながら、中学生の子供がいる。そして家庭がある。（中略）家庭の崩壊、あるいはご主人が彼女と一緒になる、といったことは思ってもみないはずである。したがって、これは一時の浮気であって、23歳の彼女とは、何らかの形で別れていきます。（中略）ご主人に対しては、ここでじっと見守ることは人生において夫に対する大きな貸しである、そのかわり、死ぬまでに返してもらいますよ、と。だから大目に見てあげましょう、という態度でいるならば、ご主人はこんな素晴らしい妻はいないと、涙を流して喜ぶに違いない（笑）。〉

かなり失礼であり、しかも「ご主人」にとっては、極めて都合がいいアドバイスです。相談文の中に「（主人は）日頃から米長先生を尊敬しています」という一文があったことも影響しているのか、米長さんの「ご主人擁護」はこれで終わりません。続けて「本当のことを教えてあげましょう」と前置きして、今、いちばんつらいのはあなたではなく、男としての盛りを確かめつつ、激しい罪悪感にさいなまれているご主人だと諭しています。だから、悲しいけれども見守って「優しく赦して」あげましょう、とも。

相談者が「たしかにそうね」と納得したかどうかはさておき、昭和60年ごろの世の中においては、「夫の多少の浮気は大目に見てあげるのが妻の甲斐性」という大胆な意見に一定の支持やニーズがあったことがうかがえます。当時の「大人たち」の会話や、テレビドラマなどのセリフを思い出してみても、たしかにそういう雰囲気はありました。

「添い遂げることが大事」という価値観の縛りが強かっただけでなく、女性が働いて生きていく道が狭かったことも、強く影響していたことでしょう。夫の側が妻の足元を見て、「俺と別れたら生きていけないくせに」とタカをくっていたという構図もありそうです。

昭和人間の中には、母親から「あなたのために我慢したのよ」と言われて育った人も少なくないのではないでしょうか。そして今、高齢になった両親の冷えきった関係を見せつけられて……。いやはや、なんともやるせない話です。


浮気した夫に甘いのは、回答者が男性だからとは限りません。続いては、昭和61年5月10日発行『〝自分を発見したい女《ひと》へ〟満智子の人生相談』（里中満智子著、講談社）より。相談者は、結婚して5年目の29歳の妻。夫が同じ会社のOLと「一度だけ関係があった」と知りました。それ以来、帰宅が遅いと浮気を疑ってイライラし、ついつい問い詰めてしまうとか。漫画家の里中満智子さんは、疑心暗鬼の塊になっている相談者に対して「私が夫だったら、帰るのがいやになります」と告げつつ、こう諭します。

〈毎日暗い顔でしつこく責められれば、（中略）「ここまで信じてくれないのは、愛してないからじゃないか」と思ってしまうのです。本当は１回ですんだ浮気が、妻にイヤ気がさすことによってつい本気になってしまうこともあります。そうなるのがいやなら、夫が離れたくならないようやさしく人の過ちを許す心のゆとりをもってください。（中略）自分の立場ばかり考える妻に、夫は「疲れる」とは思っても、「悪いことをした」とは、思いたくなくなるものです。〉

たしかに、相談者がこのまま疑いや怒りの気持ちを持ち続けていたら、里中さんが予想するとおりの展開になるでしょう。妻が「悪いのは夫だ」と遠慮なく責めまくるのは、もちろん自由です。ただ、関係の修復とは両立しません。自分の気持ちがスッキリするかどうかも、なかなか難しいところ。浮気の話に限らず、正しいとか正しくないとか、加害者とか被害者といった構図に当てはめてしまうと、かえって窮屈な状況になりそうです。

「はやりの価値観」は幸せな未来を保証してくれるわけではない

令和の人生相談や悩み相談では、妻からの「夫が浮気しました」という相談に対して、「少しぐらいの浮気は大目に見てあげなさい」と言う回答者はまずいません。

目立つのは「もはや信頼関係は戻らないので、証拠を集めて有利な条件で離婚しましょう」といったアドバイス。彼に「一生許さない」と伝えた上で、チャンスを与えるという許しを考えてみてもいいのではないか、という回答もありました。全般的には、浮気をした夫が強く非難されていて、もし妻の側に「どうにかやり直したい」という気持ちがあったとしても、そういう道を選択しづらい雰囲気があります。

男性の昭和人間、とくに前期昭和人間としては、自分の中に「多少の浮気は大目に見てもらえるはず」「男の浮気は甲斐性」という昭和的な感覚が刻まれていることへの警戒心を十分に持ちたいところ。自分自身の行動に気を付けるのはもちろん、危険な落とし穴にはまりがちなのが、若い世代との会話の中で「昭和のゆるい浮気観」を押し付けてしまうこと。深い溝を感じさせるぐらいならまだマシで、軽蔑される可能性も大いにあります。

こういう問題に「正解」はありません。昭和の頃も、夫に浮気されて耐えることを選んだ妻が、何十年かたってから「あのとき別れなくてよかった」と思ったこともあれば、「あのとき別れておけばよかった」と激しく後悔したケースもあったでしょう。「夫の浮気」だけでなく「妻の浮気」に関する相談もたくさんありました。そっちも「許しましょう」という回答が主流でしたが、同様に「別れなくてよかった」と思うケースもあれば、逆のケースもあったはず。

令和の今は、相手に問題があったら早めに見切りをつけるのが「賢明な対応」とされています。しょせんは「はやりの価値観」というだけの話で、幸せな未来を保証してくれるわけではありません。夫婦生活に限らず、生きていればいろんなことがありますが、自分で考えたり相手と話し合ったりして、なるべくマシな道を選んでいきましょう。そしてどの道を選んでも、それなりに楽しいゴールにたどり着く方法は必ずあります。

トリセツまとめ

- 自分の中に巣くっている「あの頃の感覚」を直視しよう
- 昭和な感覚で「夫の浮気」について語るのは極めて危険
- 今の「はやりの価値観」に従うのがベストとは限らない

第5章

昭和人間は眠れない

【「老害」にならないために】

「老害になる昭和人間」「華麗に老いる昭和人間」の違い

「自分は若くない」ことを認めることは案外難しい

昭和人間にとって、もっとも重要でもっとも困難な問題は何か。それは「自分はもう若くはない」と認めることです。

若者のみなさんは「えっ、どう逆立ちしても若いわけないのに、なに寝言おっしゃってるんですか？」と思うでしょう。昭和50年代に生まれて子どもの頃に平成になった、それなりに昭和の記憶がある「若手」の昭和人間でも、すでに40代から50歳ぐらい。立派な中年です。いわんや昭和30～40年代生まれの昭和人間をや。

50代60代はもとより、もしかしたら70代になっても、漠然と「自分はまだ若い」というセルフイメージを粘り強く持ち続けがち。街を歩いていて、ショーウィンドウに「年配の人が映ってるなあ」と思った次の瞬間、それが自分の姿だと気づいて愕然としたことがある昭和人間は多いのではないでしょうか。

もちろん、明治人間だって大正人間だって、50代60代になった頃に「自分はもう若くない」と認めるのは、けっして簡単ではなかったでしょう。しかし、当時に比べて平均寿命が大幅に延び、中高年が活躍する場も増えて、しかも社会全体の高齢化が進んでいる分、「もう若くない」という現実から目をそらしやすい状況になっています。

いくら目をそらしても、日々さまざまな衰えは実感せざるを得ません。体力や記憶力が衰えたり、シワや白髪が増えたり、異性に対する情熱が薄れたり……。周囲から年寄り扱いされることもあるし、たまにテレビをつけると知らないタレントや芸人ばっかり出てきます。新しいミュージシャンやヒット曲にも、まったく興味がなくなりました。

そんな体たらくなのに、昭和人間の多くは心のどこかで「自分はまだまだ若い」と思っています。「まだまだ若いモンには負けない」とも思っています。元気ハツラツなのは大いにけっこうですけど、現実の自分と違い過ぎる自己認識を抱いているのは、たぶん自分にとっても周囲にとってもあまりいいことではありません。

現実を踏まえた上で、これからの人生をより実り多いものにしていくために、周囲の若い世代に「扱いづらいなあ、この人」と眉をひそめられないために、自分に対して「もう若くない」と念入りに言い聞かせる重要性について考えてみましょう。

「まだまだ若いモンには負けない」がもたらす「老害」

60代や70代の昭和人間が、口では「もうトシだから」とか言いながらも、内心では「まだまだ若いモンには負けない」と思い続けていると、はたしてどうなるか。たとえば会社で、新規事業や社内の制度改革に関する会議があったとしましょう。

昭和人間は年齢的に、人によってはけっこうエライ立場で、発言権も決定権も強かったりします。しかし、かつてに比べて時代の流れを読む力や先を見据えた上での判断力は落ちているので、若者の提案や意見に対してトンチンカンなイチャモンを付けがち。極端な例としては「男性の育休なんて必要ない」とか「年に一度の社員旅行は必要だ」とか、そんな感じでしょうか。

なんせ本人は「若いモンの意見なんかより自分の判断が正しい」と確信しているので、周囲が「今どきそれはさすがに」と遠回しに言っても聞く耳を持ちません。絵に描いたような「老害」です。自分では「若者の意見にしっかり耳を傾けている」つもりでも、折に触れて時代遅れな意見を堂々と言っていたら、誰も本音を口にしなくなるでしょう。

飲食店のQRコード注文を前にブチ切れる昭和人間の未熟さ

会社の中だけではありません。最近の飲食店は、自分のスマホでQRコードを読み取って注文するところが増えてきました。「自分はまだまだ若いモンには負けない」と思っている昭和人間が、そのやり方をスムーズに理解できないとどうなるか。なんせ使えない責任は自分以外にあるので、お店やそのシステムに対する怒りが湧いてきます。

自分のデジタルスキルが不足していることを認める気がないと、店員さんに「ごめん。これ、どう使えばいいの？」と穏やかに教えを乞うなんてできません。疎外感や被害者意識を抱いてイライラが募り、店員さんに「ややこしい注文のさせ方させるなよ！」なんて八つ当たりするという老害丸出しな態度を取ってしまいます。コンビニのレジで、どこを押せばいいかわからずに怒っている昭和人間を見かけることも。

お店のサービスポイントや観光地のスタンプラリーでも、ＱＲコードを読み取るシステムが増えてきました。たしかに、スマホを使いこなせることが前提になっているのは、かなり不親切です。ただ、ついてこられない人は最初から相手にする気はないというのも、それはそれでひとつの判断。相手にしてほしかったら対応するしかありません。

仮に「自分はもう若くない」と、口先だけではなく本気で思っているとしたら、仕事にせよ日常生活にせよ、老害っぷりを発揮しないで済みます。若者の意見をつぶす前に自分の感覚を疑ってみるだろうし、新しいやり方についていけないときは若者に素直に教えを請うか、あるいは今の自分には関係ないとスルーすることができるでしょう。

「若さの尻尾」にしがみつくのは得策ではない

どうやら、いつまでも「自分はまだまだ若い」と思い続けることは、かなりのリスクを伴うようです。もちろん「息をひそめて控え目に生きていきましょう」という意味ではありません。大切なのは、現実に目をつぶりながらの背伸びをやめることです。

差し障りがあることを承知の上での例えですが、そこそこ年齢を重ねた大人の女性が、若い娘さんと同じようなファッションに身を包んで「私ってほら、こういう格好がいちばん似合う人だから」と言っていたら、聞いている側はどう感じるか……。

どんな格好をしようが本人の自由だし、人並み以上に若々しい要素はお持ちなのでしょう。ただ、若者と同じようなファッションに身を包むより、もっと「大人ないでたち」をしたほうが、本人の魅力は引き立ちそうです。「若さ至上主義」の呪縛から逃れられず、自分の中の「若さの尻尾」にしがみつくのは、けっして得策ではありません。

「自分はまだ若い」と思い続けている昭和人間は、同じパターンの落とし穴にはまっています。「もう若くない」と認めることは、今の自分に似合う服、つまりは今の自分の持ち味を発揮できる考え方や物事へのスタンスを模索する第一歩。そしてそれは、実り多い熟年老年を過ごすための華麗な（加齢な？）スタートです。

会社の中の「老害」にはあの手この手で退場を促す

若者のみなさまにおかれましては、昭和人間に向かって「もう若くないんだから」と言うことがいかに危険かは、十分に認識していただいているかと存じます。人は図星を突かれると、感情的にならざるを得ません。身近な昭和人間が予想外にスマホやパソコンを使いこなしていた場面で「そのお歳で、すごいですね」とホメるのも、よかれと思って言ってくださっているところたいへん恐縮ですが、けっこうな地雷です。

会社などで「まだまだ若いモンには負けない」と思っていそうな昭和人間に対しては、半端に物おじせず、同じ土俵で対等に議論してもらえたら幸いです。「生意気な若者」と渡り合う度量も覚悟もないのに、年齢や経験の長さを振りかざして威張っている昭和人間は、まともに相手する必要はありません。あの手この手で退場を促してください。

厚生労働省が発表した「令和5年簡易生命表」によると、日本人の平均寿命は男性が81・09歳、女性が87・14歳。90歳を迎える割合は男性26・0%、女性50・1%です。50代60代なんて、まだまだたくさんの未来があり、無限の可能性に満ちていると言えなくもありません。「もう若くはない」と認めた上で、若かった頃とは違う中高年ならではの新たな目標や手応えや大切にしたいものを探しましょう。

さっきから具体性がない話で恐縮ですが、何をどう探すかは、一人ひとりの今の状況やこれまでの人生をどう歩んできたかによって、大きく変わってきます。いずれにせよ、もう若くなくなったからといって、悲観する必要はまったくありません。新しいステージでも、楽しく歌って踊って、もうひと花もふた花も咲かせようではありませんか。

トリセツまとめ

- 「自分はもう若くない」と認めるのはそう簡単ではない
- 「まだまだ若い」という勘違いが「老害化」につながる
- もう若くないと認めた上で新しいステージを楽しもう

「みっともない中高年」を生み出すネットという罠

昭和人間とインターネットの邂逅がもたらしたもの

昭和の時代にはまったく存在していなかったのに、今はインターネット（以下、ネット）なしの生活は考えられません。パソコンなりスマホなりを通じて、メールやＬＩＮＥなどの通信手段の恩恵を受けられるのも、ニュースや気象情報を簡単に取得できるのも、ＳＮＳやゲームを際限なく楽しめるのも、みんなみんなネットのおかげです。

生まれたときからネットがあった若者と比べて、昭和世代は今の時代の便利さをより深く感じているはず。いっぽうで、どんなことも「当たり前」になってしまうと、ありがたみを忘れてしまうのが人間の常。たまにシステム障害が起きたりして、ちょっとのあいだ便利さに制限がかかると、イライラして大騒ぎしているのはむしろ昭和人間です。

我慢が利かないお年ごろなのか、「科学の進歩」や「便利な世の中」への期待値が大き過ぎるのか、そのへんはよくわかりません。反射的に「おいおい、勘弁してくれよ」と思うのは仕方ないとして、怒りや非難の言葉を口に出したり、したり顔で「犯人捜し」に精を出したりするのは、ひじょうにみっともない姿です。「ま、たまにはそういうこともあるよね」とおうような態度を取るのが、昭和人間の務めであり貫禄と言えるでしょう。

そのくらいならまだかわいげがありますが、ネットが昭和人間に及ぼしている悪影響は、じつは際限がありません。程度の差こそあれ、前期後期を問わず昭和人間の多くは、ネットに振り回されて「みっともない人」になりがちです。しかも、はたから見て「みっともない度」が高い人ほど、ネットに振り回される気持ちよさに溺れて、厄介な泥沼にズブズブと沈み込みながら、都合よく美化したセルフイメージを抱いていたりします。

ネットという強大な存在は、スキあらば私たちを「ダークサイド」に引き込もうとしていると言っていいでしょう。どんな影響を受けているのか。どう逃れればいいのか。ネットに振り回されている身近な昭和人間と、そして自分自身と、どう付き合えばいいのか。令和を生きる上で避けて通れない課題に果敢に立ち向かってみましょう。

誹謗中傷に熱心なのは中高年というデータも

「ネットのダークサイド」と聞いて、まず思い浮かぶのは「誹謗《ひぼう》中傷」「バッシング」「炎上」といった現象です。犯罪や不倫やちょっとしたイタズラなど「悪いこと」をした標的に対して、どこからともなく湧いてきた大勢の人たちが、匿名で寄ってたかって汚い言葉を投げつける——。罪の重さに見合った仕打ちかどうかは、たいした問題ではありません。そもそも、どの事案にしたって責めている人たちには関係ない話です。

悲しいことに私たちは、そういう光景をいつの間にか見慣れてしまいました。誹謗中傷を受けた人が、自ら命を絶ってしまうケースも多々あります。それでもなお、攻撃はやみません。せっせと攻撃していた人が反省したという話も聞いたことがありません。あらためて考えてみると、異常でおぞましい状況と言えるでしょう。

さまざまな調査によると、ネット上で誹謗中傷を熱心に行っているのは、昭和人間世代の中高年が中心というデータも出ています。それぞれ事情や理由があるんでしょうけど、これまでそれなりに頑張って生きてきたのは、そんなことをするためだったのでしょうか。「若者だってやってんだから、中高年ばかり責めるな！」と言いたい方は、その反論の情けなさを直視していただけたら幸いです。

もちろん、日々そういうことに精を出している人は、ごく一部でしょう。しかし、身に覚えがないからといって「自分には関係ない」という話ではありません。傍観者である大半の昭和人間にとって深刻なのは、さまざまな標的が入れ代わり立ち代わり攻撃されている光景を見ることで、いつの間にか人格を変えられていること。

ネット上では「正論」や「建前」が幅を利かせています。きっと「正しいこと」を言っている限り、多数派に属している安心感が得られるから。ちょっと前には、20歳未満の有名スポーツ選手の飲酒や喫煙が発覚して、ネットニュースのコメント欄に「許せない！」という非難が大量に寄せられました。不倫がバレた芸能人もしかり。

「あなたには関係ないのでは？」という声は、快感に溺れている人たちの耳には届きません。己のみっともなさを振り返ることもありません。

ネットが生み出す「正義過敏症」「批判恐怖症」

ネット上には、近ごろしばしば見かける言葉ですが、残念な「正義中毒」の人たちがあふれています。そんな人たちの〝活躍〟を日常的に目にしているおかげで、静かに善良に生きている多くの昭和人間も、一種の「正義過敏症」になっています。「批判恐怖症」と言ってもいいかもしれません。

細かいところでは、誰かと話すときもSNSに書き込むときも、自分の意見を表明するときに言い訳がましいフレーズを加えるのが癖になりました。「考え方は人それぞれですけど」「あくまで個人的の見解ですけど」などなど。そんなのは断るまでもなく当たり前なんですが、「みんながそう思っているわけではない！」という「正論ではあるけど無意味なツッコミ」を受けそうな気がして、つい予防線を張ってしまいます。仮に言われたところでどうってことないのに、きっと漠然とした恐怖心に支配されているのでしょう。

仕事でも日常生活でも、常に「これはマズイんじゃないか？」というセンサーを敏感に働かせています。傷つく人がいてはいけないという意味でコンプライアンス的に慎重な判断をするのは当然かつ必要なことですが、多くの場合は「批判されないかどうか」を気にしているだけで、なぜマズイのかを真剣に考えているわけではありません。そして誰もが、自分で判断して自分で責任を負うことがすっかり苦手になりました。

いわば今の社会は、正義のこん棒でいきなり殴り掛かってくる人がどこにいるかわからない、極めてカオスな状態です。目の前にいる人がそうかもしれません。昭和人間の多くは、いつの間にか他人の顔色を熱心にうかがうようになり、思っていることを素直に口にできなくなっています。いや、あくまで個人の見解ですけど（あれ？）。

なぜ高齢の親は陰謀論にハマってしまうのか

「批判されないように気を付けるのはいいことじゃないか」と考える人もいるでしょう。自分が安心安全を最優先に長いものに巻かれながら生きるのは自由です。ただ、何かと我慢を強いられたり周囲の目におびえる日々を送ったりしていると、他人のちょっとした失言やミスに不寛容になりがち。ネットのギスギスした雰囲気に毒されて、「こういうヤツは成敗されるべきだ！」と思ってしまいかねません。

毎日ちょっとしたことでイライラしてしまうようなら、自分が「ネットの影響で心がギスギスしているかも」という可能性を疑ってみましょう。「そうかもしれない」と感じることができるなら、まだ間に合います。ネットとの冷静な付き合い方を探りたいところ。今のままの状態が続くと、いつしかネットに罵詈《ばり》雑言を書き込んで溜飲を下げる人生を送ることになります。ああはなりたくないですよね。

しばしば警鐘を鳴らされているのが、「ネットやＳＮＳは自分好みの情報ばかりが集まってくる（目に入る）」ということ。どんなに偏った少数派の考え方でも、自分のスマホやパソコンを見ている限りは「みんながそう言っている」「仲間がたくさんいる」「やっぱり自分は正しい」と感じてしまいます。

リタイアしてリアルな人付き合いが減った高齢の親が、ネットばかり見ているうちに陰謀論にハマったという話は、ぜんぜん珍しくありません。一部の人が「ワクチン」に対して極端でヒステリックな考えを持つに至る経緯も、同じ構図だと言えるでしょう。

ネットが人間関係にもたらす深刻な悪影響とは

これは昭和人間に限らない話ですが、ネットはほかにも人間関係に深刻な悪影響をもたらしています。あらためて自覚したいのが、ステレオタイプなレッテル貼りで人間不信を助長させられている点。分断や対立を後押しさせられていると言ってもいいでしょう。

現実の世界にいるのは、大半が「ちゃんとした大人」です。しかし、ネットニュースの記事や無料で読めるマンガなどには、かなり極端な「困った人」しか登場しません。

夫はもれなくモラハラ気質でマザコンで家事にも育児に理解がないし、どの姑も嫁イビリが大好きで息子を溺愛しています。若手社員にしても、プライドばかり高くて最低限のコミュニケーションすら拒否していて、ちょっと注意すると「それはパワハラです」と言い返してくるタイプばかりです。

そうなってしまうのは、読む側が怒りや義憤といった感情を手っ取り早く揺さぶられたいから。いわゆる「感動ポルノ」と同じです。そんな「怒りポルノ」や「義憤ポルノ」は癖になりやすいし、それこそネットの仕組みで似たジャンルの記事がどんどん出てくるので、人間不信がどんどんふくらんで、「敵認定」に精を出さずにはいられません。

そうなると、実際はそこまでひどい人間ではなかったとしても、お互いに歩み寄りながら地道に関係を築くという発想はなくなります。夫にせよ義父母にせよ若手社員にせよ、あるいは妻にせよ年配社員にせよ、関係を築くのに少し手間がかかる相手に対して、まずは警戒心と疑心暗鬼を最大限にふくらませる癖がついてしまったら、いい関係なんて築けるわけがありません。

たぶん日本だけの問題ではありませんが、人類はネットのせいで人間関係に対する恐怖心を植えつけられ、苦手意識がどんどんふくらんでいます。相手が誰にせよ、気持ちを慮ったり時には譲り合ったりすることが大事といった当たり前の常識が、どんどん崩れています。価値観が少しでも違うと感じたら、相手をいかに叩きのめして自分の「正しさ」を示すというファイティング・ポーズを取らずにはいられません。

ネットがなかった時代を知っている昭和人間は、もしかしたら大切なものが崩れていくのを食い止める「最後の砦」かも。とりあえずは自分自身が、目先のプライドを守るために相手を「敵認定」しようとしたり、人間関係に勝ち負けを持ち込む風潮にあらがったりなど、ささやかな抵抗を心がけたいものです。何よりも自分自身が、殺伐とした人間関係の大きなうねりから距離を置いて、穏やかに日々を過ごすために。

「自分たちは賢いけどあいつらはバカ」の罠

ちょっと話がそれました。すみません。50代60代の昭和人間も、ネットという落とし穴だらけの危ない橋を渡り続けています。今の自分に不満がある人ほど、極端な考え方にハマったり、とっぴな言説をする人を支持したりすることで、自分が「特別な存在」であるかのように錯覚してしまいがち。政権批判や世界情勢に対する嘆きをＳＮＳに書き込むことで、同じニーズを満たしている人もたくさんいます。

結局は似た者同士なんですが、お互いに「自分たちは賢いけどあいつらはバカ」と思っているところが、ネットの罪なところと言えるでしょう。

こうして見ると、もともと人間が持ち合わせている「みっともなさ」が、ネットによってさらに極端にあぶり出されているとも言えます。昭和人間は大人になってからネットに触れたせいもあって、その楽しさや気持ちよさに溺れがちなのかも。付き合い始めた頃に感じた「無限の可能性」を忘れられないのかもしれません。令和になった今、あらためて「ネットの怖さ」を胸に刻んで、自分の毒されっぷりを謙虚に反省したいところです。

「ネットに振り回されない付き合い方」や「ネットで本当の情報を得る方法」なんてものは、はっきり言ってありません。ネットは「楽しいけど信用できない友だち」みたいなものです。言っていることは眉に唾を付けながら話半分で聞いて、仲良くなり過ぎず適度な距離を保ちましょう。そして、その口先ばっかりの友だちがあなたの価値を底上げしてくれる可能性はないし、耳寄りなもうけ話を持ってくることも絶対にありません。

何はともあれ、ネットに対する幻想やずうずうしくて過度な期待は捨てましょう。それが、ネットに振り回されてストレスを背負い込まないための第一歩であり、ネットに毒されて「みっともない昭和人間」にならないための必須条件です。

トリセツまとめ

- ネットは「みっともない人」をつくり出すのが得意である
- バッシングを見ている側も「批判恐怖症」になっている
- 幻想や過度な期待を捨てて、適度な距離を取り続けたい

昭和人間がＳＮＳではまりがちな5つの落とし穴

いつの間にか昭和人間のスナックと化したFacebook

一部の昭和人間は、ＳＮＳなしでは生きられません。ひと口にＳＮＳといっても、オシャレで楽しげなキラキラ投稿を見せ合う「Instagram」から、常にギスギスネチネチと誰かを責めてばかりいる「X（旧・Twitter）」、おじさんとおばさんが昔話や自慢話を肴《さかな》にキャッキャ言い合う「Facebook」など、いろんな世界があります。いつの間にか入れられて抜けた

くても抜けづらいＬＩＮＥグループも、いちおうＳＮＳの一種ですね。

20世紀からマニアが集うＳＮＳはありましたが、多くの昭和人間が最初に出合ったメジャーなＳＮＳは「mixi」[19]でした。かれこれ20年ぐらい前です。最初は誰もがほのぼのとした交流を楽しんでいました。しかし、そのうちに「足あとを付けたのにコメントしないなんて」「日記を投稿しても全然読んでくれない」といったどうでもいい衝突が起きるなどして、交流を面倒に感じる「mixi疲れ」という言葉も生まれます。

そんなこともあって「mixi」は、急激に衰退しました。ただ、入れ替わるように勢力を拡大した「Twitter（当時）」でも、そのちょっと後にメジャーになった「Facebook」「Instagram」でも、似たような衝突や論争が繰り返し起きています。人はどんな場所でも、スキあらば諍《いさか》いを起こさずにはいられないのかもしれません。

「厄介なもの」という共通認識はありつつも、それぞれのＳＮＳはそれぞれのニーズを受け止めて、たくさんの人に利用されています。今は、適度にすみわけが進んだ状態と言えるでしょう。当たり前ですが、どのＳＮＳにも、楽しかったりタメになったり便利だったりする部分はあります。いっぽうで、面倒臭さや危険性も枚挙にいとまがありません。

昭和人間と相性がいいSNSといえば、なんといっても「Facebook」です。すでに世間的には「過去のツール」であり、若者の利用者はほとんどいません。しかし、SNSとの腐れ縁は断ち切れないけど、「X」の殺伐とした雰囲気にも「Instagram」のキラキラ感にもなじめないタイプの昭和人間にとって、「Facebook」は一種の楽園です。

同年代しかいないので若者に気をつかう必要がないし、基本的に実名というところも大きなポイント。昭和人間には「匿名は卑怯《ひきょう》」というイメージが刷り込まれています（少なくとも私はそう思っていますが、その認識には個人差も諸説もあり）。

自慢、逆上、教え魔……Facebookではまりがちな5つの落とし穴

ある程度は分別をわきまえた年代が集っているはずの「Facebook」ですが、傍から見て「うわっ」と感じる書き込みを見ることも少なくありません。自分自身も、書いた後で「やっちゃった……」と反省するケースもあります。

平和に穏やかに「Facebook」を使うにあたって、どこに気を付ければいいのか。「昭和人

間がはまりがちな Facebook の5つの落とし穴」をピックアップしてみましょう。自分自身の取り扱い方に関して、危険なポイントを再確認していただけたら幸いです。

落とし穴その1「こんな不愉快（理不尽）な目に遭ったと愚痴をこぼす」

「Facebook」は馴れ合いの世界です。愚痴を書けば、慰めや励ましのコメントをたくさん付けてもらえるのが常。そんな甘い蜜を求めて、油断すると不愉快な目に遭った話を書き込みたくなります。慰めるほどの間柄ではない場合、マイナスの感情を伝染させられるのは、迷惑以外の何ものでもありません。そして、本人は「自分は悪くない」という前提でも、客観的に見て「それは自業自得だろ」と感じさせられることも多々あります。

落とし穴その2「かつてこんなにすごいことをしたアピールがうるさい」

昭和人間にとって、自分の過去の道のりは自慢話の宝庫です。自慢のネタが本当にすごいか、いまいちしょぼいかは関係ありません。さすがに年の功で、ストレートな自慢話をすることはないにせよ、よく読むと遠回しな自慢だったり、核心をチラッと匂わせて突っ込まれるのを待っていたりするような投稿は、ついやってしまいがち。見る側も年の功で、意図をくみ取って突っ込んであげたりするので、ますます癖になります。

落とし穴その3 「自分の得意分野の話が出ると反射的に『教え魔』になる」

とくに現役をリタイヤしていたり、リタイヤ同然だったりする前期昭和人間は、自分の「すごさ」を発揮する場面がありません。誰かが自分の得意分野に関する投稿をしていると、聞かれてもいないのにあれこれ教え始めたり、細かいダメ出しをしたりしてしまいます。本人は親切のつもりですが、書かれた側としてはうっとうしいだけ。しかも、第三者としては、感心するどころか「ああ、この人、寂しいんだな」という印象しか受けません。

落とし穴その4 「いわゆる炎上案件があると、すぐに尻馬に乗って叩く」

これも、自分の「すごさ」を示したいが故に、ストッパーが外れてしまうケース。叩かれている相手のことをよく知らなくても、気持ちよく叩いている本人は自分がやっていることのおこがましさには気づきません。正義の味方になった気持ちよさを存分に味わえるのが怖いところです。「今の政治」や「今の若者」に対する批判も、仕組みは似たり寄ったり。本人は「賢そうに見えている自分」をイメージしてしまうのが、またトホホです。

落とし穴その5「間違いを指摘されたり注意されたりすると逆上する」

昭和人間は、若い頃に比べて確実に「自分の非を素直に認める」という行為が苦手になっています。趣味のグループへの投稿で「ルールなので、必ずこういう情報を入れてください」と注意された人が、カンに障ったのか、自分を強引に正当化しつつ嫌味な捨てゼリフを吐く光景を目にしたことは、一度や二度ではありません。友達の投稿へのコメントでも、勘違いや間違いをやんわり指摘されたときに、素直に謝れる人は少数派です。

他にもたくさんの落とし穴があります。ただ、あらためて自分に言い聞かせておきたいのは、どれも「お互い様」だということ。こんなことを書いている私も、たくさん身に覚えがあります。お友達のみなさま、その節はすみませんでした。

「Facebook」を使うときは、自分の取り扱い方に細心の注意を払ういっぽうで、他人の行動には思いっ切りおおらかになることが大切です。ここに挙げた「5つの落とし穴」は、人のふり見てダメ出しをするためのリストではありません。こういう光景を見たときには、わがふり直すために参考にさせてもらいつつ、全力でスルー力を発揮しましょう。

なぜ若者がFacebookから消えたのか

「Facebook」が今ほど「昭和人間御用達SNS」になる前は、若者のみなさまにもずいぶんご迷惑をおかけしたものです。「上司や先輩から友達申請が来たけど、できればつながりたくない。どうすればいいのか?」というテーマは、かつての悩み相談の定番でした。その昔、上司から「なんで『いいね!』を押してくれないの」と責められた人も多いでしょう。

そりゃあ、若者がサーッといなくなるのも無理はありません。さすがに最近は、ちょっと仲良くなった若者に「Facebookやってる? 友達申請送っていい?」と言ってくる昭和人間はほぼいなくなりました(昭和人間同士では、そういった会話が交わされることはまだたまにあります)。若者のみなさんが、万が一そう聞かれたとしても、迷わずきっぱり「いや、やってません」と言ってもらえば大丈夫です。

相手がしつこい性格だと「なんでやってないの?」と聞いてくるかもしれません。そんなときは「うーん、よくわからなくて」と軽く流しましょう。なまじ誠実に答えようとして「実名だと何となく怖くて」「お互いに『いいね!』を付け合う文化は性に合わない気がして」なんて言うと、ムッとされるか面倒臭い反論をされるかのどちらかです。

何でも仲良く一緒にやるのがいいとは限りません。昭和人間は「Facebook」という名の居心地がいいスナックで、同年代の知り合いと昭和人間っぽい話に花を咲かせたり遠回しな自慢話に感心し合ったりして盛り上がります。それぞれの場所で楽しくやっていきましょう。

トリセツまとめ

- SNSは面倒臭くて危険なツールという前提を忘れるべからず
- 昭和人間だからこそはまりがちな「落とし穴」に注意しよう
- それぞれに居心地がいい場所で楽しくやれたら、それでよし

同世代に嫌われる昭和人間、嫌われない昭和人間

仕事や子ども自慢、新NISA自慢……同年代に嫌われる5つの話題

何度も確認して恐縮ですが、令和の今、昭和人間は前期も後期もひっくるめて、押しも押されもせぬ中高年になりました。

還暦を過ぎたぐらいの昭和人間たちが、同窓会などで久しぶりに顔を合わせたとします。

「いやいや、懐かしいねえ。元気そうで何よりだよ」

「お前もすっかりおっさんになったな。まあ、それはお互い様か。ハハハ」

こういう会話を交わしているうちは、何の問題もありません。しかし、お酒が入って自制心がゆるくなると、同級生たちが笑顔の奥で眉をひそめることを言い出す輩が、しばしば現われます。それでいて本人だけは満足そうなのが、また物悲しいところ。

いくつかのパターンがありますが、いずれも「中高年であるが故の落とし穴」にはまっている状態と言えます。ほかの昭和人間の振り見て、我が振り直せ。おもに男性の昭和人間を想定しつつ「同年代に嫌われる話題」を挙げてみましょう。

その1「会社員時代にいかに大きな仕事をしていたかをほのめかす」
その2「子どもがいかに出来がよくて順風満帆かをほのめかす」
その3「定年後も仕事や地域でいかに頼りにされているかをほのめかす」
その4「やがて受け取る予定の年金の額がいかに多いかをほのめかす」
その5「株式投資や新NISAについていかに詳しいかをほのめかす」

人は年齢を重ねるにつれて、どんどん「自慢したい欲」がふくらんでいきます。しかも、仕事を半分ぐらい引退して、具体的な成果と縁が薄くなると、前述のようなことを自慢しがち。聞いている側は、いちおう「それはすごいねえ」なんて感心してあげてはいますが、内心では「それがどうした」と鼻白んでいます。

女性の昭和人間の場合は、子ども関連の自慢（いい歳になると夫関連の自慢は少なめ）はありそうですが、それ以外の項目に関連する自慢が飛び出すケースは少ないでしょうか。もしかしたら、身に着けている服や靴やアクセサリ、行きつけの美容院や愛用している化粧品などを「さりげなく」自慢する人はいるかもしれません。

つい出てしまう「自慢」のネタは、染みついた価値観や人生観の反映です。昨今はこれだけ「ジェンダー（社会的・文化的な性差）」という言葉が注目を集めているのに、女性の社会進出もそれなりに進んだのに、自慢ネタのジェンダーギャップはまだまだなくなりそうにありません。いや、それはまた別の話ですね。

自分の価値観は正しい、という危険な思い込み

同年代との接点は、同級生のほかにもさまざま。地域や趣味の集まりで出会った人やたまに会う親戚の場合も、嫌われないための注意点は同じです。「嫌われないこと」を気にするのは、自分のみっともなさをさらけ出さないためであり、相手を無自覚に不愉快にさせないため。ご機嫌を取ったり媚びを売ったりしろという意味ではありません。

さっきの「嫌われる話題」は、こうやって押さえておけば、うっかり口にしそうになっても「おっと、危ない」と早めに気が付くことができます。中高年になった昭和人間にとって、さらに危険な落とし穴は「自分の価値観や考えを『正しい』と思い込んでいる」ということ。しかも、年代的に「スキあらばアドバイスしたがる」という習性を備えていることが、危険性をさらに増幅してしまいます。

たとえば、誰かが「都会に出た娘がいくつになっても結婚しない。いい人がいる気配もない」「小学生の孫がぜんぜん勉強しなくて、中学受験をさせたい息子夫婦とケンカばかりしている」といった家庭内の悩みをこぼしたとします。

場に適切な話題かどうかはさておき、言った当人は深く悩んでいて、誰かに聞いてもらわずにはいられなかったのでしょう。それぞれに背景や理由があるはずで、他人が軽々しく口出しするのは、明らかに大きなお世話です。

しかし、昭和人間は「自分が役に立つことを言ってやりたい」「さすがお前はいいこと言うなと感心されたい」という欲望を抑えきれません。

結婚しない娘の話で、今どき「無理やり見合いさせればいいんだよ」なんて言う人はさすがにいないでしょうけど、「まずは、ひとりの老後がいかに寂しいかに気づかせなきゃね」といった謎理論を言い出す昭和人間はいそうです。そんな話をしても娘の考えは一ミリも変わらないし、そもそも結婚していれば寂しくないわけじゃないのに。

勉強しない孫に関しても、自分の限られた経験や知識をもとに「いい塾を知ってるよ。紹介しようか」と言ってみたり、逆に「中学受験なんかさせてもロクなことにならないよ」と根底から否定してみたり……。親の介護というデリケートな問題について、中途半端な知識の披露や無責任で残酷な批判をするケースも多々あります。

相手と「きょうだい同然に気心が知れている仲」なら、率直な意見を言ってもいいでしょう。しかし「古い付き合い」という程度の関係で、よかれと思ってどうでもいいアドバイスをするのは、かなり乱暴な行為です。相手も大人なので露骨にムッとはしないにせよ、心の中で舌打ちされて徐々に距離を置かれても仕方ありません。

過去の「成功体験」を絶対視しがちなのも昭和人間の悪い癖。しかも、たとえば子どもの教育についての自論（厳しく育てるのがいい、ほおっておくのがいい、など）にしても、会社の経営に関するご高説にしても、たまたまうまくいったことを自分の手柄にしがち。配偶者や従業員が、同様に高く評価しているとは限りません。

自慢とアドバイスはすべて封印する

中高年の昭和人間が同年代との付き合いで嫌われないためには、何はさておき「自慢」と「アドバイス」を封印しましょう。併せて、自分の価値観を絶対視せず、世の中にはいろんな考えの人がいて、いろんな正解があることを念入りに肝に銘じることも大切。当たり前過ぎるぐらい当たり前のことですが、年齢を重ねるにつれてつい忘れがちです。

苦労話が出たら「たいへんだねえ」「つらいねえ」と寄り添い、相手が「こうすることにした」と言った場合は「それがいいと思うよ」という賛同のリアクション以外は必要ありません。強い疑問を覚えた場合も、「そっか、うまくいくといいけどね」ぐらいの表現で違和感をにじませるのがせいいっぱいです。

「気をつかってばかりいたら、話していても面白くない」というご意見もあるでしょう。しかし、気をつかわなかったら、相手が面白くない思いをするかもしれません。「そんなのこっちには関係ない」と言うのは、さすがに身勝手です。

相手の迂闊な発言をスルーして大らかに許し合う

昭和人間同士の交流においては、原則として「ややこしい話」はタブー。政治や宗教の話題は論外ですが、社会的地位や収入にまつわる話にせよ家族の悩みにせよ、昭和人間が悪い癖を発揮して不愉快な方向に話が転がりがちです。「ややこしい話」を避けるのは、和やかに会話を続けるための生活の知恵に他なりません。

となると、安心して話せるのは、昔の話か共通の知人の近況か大谷翔平のことぐらいになってしまいます。いわゆる「バカ話」で盛り上がれるのが理想ですが、なかなか難易度が高く、誰もが上手にできるわけではありません。

趣味の話も無難と言えば無難ですけど、同好の士ばかりの場じゃないと、それこそ価値観の違いで「ゴルフなんて何が面白いんだ」と言い出すヤツが出てくるなど、それなりの危険性をはらんでいます。

そんなさまざまな葛藤や逡巡や失敗を乗り越えた結果、多くの昭和人間は「どんな話も適当に聞き流す」という技を身に付けました。同時に「同じ場で話をしてうなずき合うこと自体が重要で、内容はどうでもいい」という悟りの境地（？）にも達しています。

昭和人間同士の交流においてもっとも大切なのは、相手の迂闊な発言をいちいち問題視せず、大らかに許し合うこと。欠点だらけなのも面倒臭いのも、お互い様です。その上で、自分なりに気を配って、なるべく「よき昭和人間」であることを目指しましょう。ただ、ひそかな頑張りが「自分はほかのヤツとは違う」といった半端なプライドに結びついてしまったら最悪。ああ、人生は落とし穴だらけですね。

トリセツまとめ

●「自慢」や「アドバイス」をしたくなる落とし穴に注意

●昭和人間同士が安心安全に話せる話題は限られている
●人の話は大らかに受け止めつつ、自分は気を配りたい

「よい大人」を目指して、昭和人間の長い旅は続く

あとがき

そういう趣旨の本だからしょうがないんですが、昭和人間昭和人間と、しつこく連呼してすみません。一冊を通して、昭和人間のみなさんが自分自身をどう取り扱えばいいのか、若いみなさんが周囲の昭和人間とどう接すればいいかを考えてきました。この本によって、漠然と感じていたモヤモヤやイライラが少しでも晴れたり、考え方や価値観が違う世代がわかり合えるきっかけになったとしたら、著者としてはとてもうれしいです。

今さらこんなこと言うのも何ですけど、日々の生活の中で「昭和人間としては」「昭和人間だから」なんてことを意識する必要はありません。自分や誰かを大きなくくりに入れるのは、残念な動機や目的が伴いがちです。「日本人」しかり「男」しかり「女」しかり。学歴や出身地のくくりも悪用されがちですね。

昭和人間の当事者が（まだ言ってる）、こうして念入りに「昭和人間のトリセツ」について

考えるのは何のためか。「あとがき」を書いているこの段になって、はっきり見えてきました。それは「よい大人」を目指すためです。

それなりに長く生きてきてそれなりの年齢になった私たちにとって、もっとも大切なのは、いかに「よい大人」として生きていくかではないでしょうか。お金も地位もキャリアも関係ありません。自分がいる環境や立場や人間関係において、いかに「よい大人」になれるかが、今後の人生を楽しく実り多く過ごせるかどうかをたぶん左右します。

私は31年前に『大人養成講座』（扶桑社）という本で、コラムニストとしてデビューしました。当時は30歳でした。本書で言う「若者のみなさん」の一人だった自分にとっての大人は、謎と疑問に満ちた存在でした。失礼ながらけっしてカッコイイとは思えませんでしたが、大人に反発して「いつまでも少年の心を忘れたくない」なんて言っているのも、ぜんぜんカッコイイ印象はありませんでした。

あの本で目指したのは、自分がこれから大人として生きていくにあたって、できるだけカッコイイ大人、なるべく面白い大人、そして毎日を楽しく過ごせる大人への道筋を見つけることです。そのために、大人の生態の重箱の隅にスポットを当てて、一歩引いたところから「正しい大人」を養成するマニュアルという形式にしてみました。

以来、ずっと「大人」とは何かを考えつつ、あの手この手で大人をテーマにした本を書き続けています。いつの間にか、30歳のときには冷ややかに見ていた「大人」の年齢をとっくに追い越しました。はたして、自分は「ちゃんとした大人」になれたのか、なれているのか。あらためて考えると、はなはだ心もとない限りです。

唐突に個人的な昔話をしてすみません。同年代以上のみなさんは誰しも、かつて大人に反発したり少し憧れたりした時期があって、やがて自分なりの大人を悪戦苦闘しながらやり続けてきたわけですよね。そこはひとまず、お互いにねぎらい合いましょう。

大人という険しくて曲がりくねった道のりを歩む旅は、まだぜんぜん終わってはいません。むしろ、これからがクライマックスです。

聞かれてもいないのに白状するのはお恥ずかしいんですが、Ｗｅｂサイト「日経ＢＯＯＫプラス」で２０２３年秋からやらせてもらった「昭和人間のトリセツ」の連載の裏テーマは

「中高年にとっての大人養成講座」でした。昭和に生まれて、昭和の文化や価値観をたっぷりインストールされている昭和人間が、これからの大人ライフを楽しく実り多いものにする道筋を模索した次第です。

いくつになろうと、「人生はまだまだこれから」であることには変わりありません。これから先を「よい大人」として過ごし、より「よい大人」を目指していくためには、己の昭和人間っぷりをしっかりと自覚し、その強みや弱みを知ることが不可欠です。

その上で、ならではの持ち味を生かしたりならではの悪い癖に気を付けたりしながら、同世代とも別の世代とももいい関係を築いていきましょう。人によって「よい大人」のイメージはさまざまでしょうが、そこは何だってかまいません。大切なのは、フィニッシュを迎える日まで「明日はもっとよい大人になろう」と思い続けることです。

同年代のみなさん、あくまで自分ができる範囲での話ですけど、ジタバタやっていきましょう。若者のみなさんも、そんな姿を見て何かを感じていただけたら幸いです。先輩のみなさんも同年代のみなさんも若者のみなさんも、引き続きよろしくお願いいたします。

「大人」について書き続けてきた私に、その総仕上げとも言えるこの本の企画を提案してくださった日経BPの長澤香絵さんには、どんなに感謝しても感謝し切れません。毎回、原稿を送るたびにツボを突いたうれしい言葉で励ましてくださったおかげで、最後まで書き切ることができました。本当にありがとうございました。

連載の場を与えてくださった「日経BOOKプラス」編集長の常陸佐矢佳さんと担当してくださった長野洋子さんにも、深く感謝しております。さりげなくも強烈なバックアップのおかげで、多くの方に読んでもらえてうれしい反響もたくさんいただきました。

そして何より、連載を読んでくださった読者の方々に、心からのお礼を申し上げます。

さあ、あらためて気合いを入れ直して、終わりのない「よい大人」への旅を続けましょう。いわゆる「幸せ」というのは、その旅路にこそある気がします。

2024年10月

石原壮一郎

注 知っておかなくても構わない昭和・平成用語集

1【チンプンカンプン】

話がまったく通じないさま。あるいは、話がまったく理解できないこと。「珍紛漢紛」と書き、もともとは江戸時代に儒学者の漢語を冷やかした言葉とも言われている。

2【「女の子のいちばん大切なもの」】

1974年に発売された山口百恵の5枚目のシングル『ひと夏の経験』の歌詞にあったキラーフレーズ。その意味に関してはさまざまな憶測をよんだが、山口百恵は「女の子のいちばん大切なものとは?」との問いに「真心です」と答えているという。たしかにそういう一面もなくはないとも言えなくもない。

3【トホホ】

やり切れない気持ち、情けない気持ちを表現する感動詞。「トホホな」と形容詞として使われることもある。どこかに諦めのニュアンスがあり、本当に深刻な状況では使われない。語源は不明。

4【携帯メール】

携帯電話の普及当初は、若者を中心により料金の安いPHS（無線による移動体通信サービス。通称「ピッチ」）を使う人も多かった。PHSのメールは、当初はカタカナや数字や一部の記号しか入力できず、(^^)/といった顔文字は「イマナニ

※筆者の記憶や体験や感覚などをふんだんに盛り込んで作成しています。
多少の違和感や疑問は飲み込んでいただけたら幸いです。

シテルノ？」など無機質なやり取りに華を添える存在だった。

5【イケてる】

「魅力的」「カッコいい」を指す言葉。関西圏に語源を持つが、1966年スタートのフジテレビのバラエティ番組「めちゃ×2イケてるッ！」をきっかけに、全国的に使われるようになった。

→類語「いかす」「ナウい」

6【ぶりっ子】

かわい子ぶる女性の意。1980年代に流行した。当時の松田聖子が、その典型とされている。81年には山田邦子が『邦子のかわい子ぶりっ子』という曲を発表した。出世魚であるブリにかけて、その成長途上である「ハマチ」と呼ぶことも。今風に言えば「あざとい（あざと女子）」か。ただ「ぶりっ子」のほうが素朴かも。

7【オリジナルで選曲したカセットテープ】

さまざまなレコード（CD）から、好きな曲を1曲ずつカセットテープにダビング（複製）して「マイベスト盤」を作るという地道な作業が、1990年代までは広く行われていた。どんなタイトルをつけるかやカセットケースにどんな書体で曲のタイトルを書くかもセンスの見せどころ。現在、こうしたオリジナルカセットを異性にプレゼントしたら「著作権への意識が低い人」とドン引きされるかも。そもそも再生する方法がない可能性が高い。令和のよい子は昭和人間の真似をしないようにしよう。

8【A】

Aはキス、Bはペッティング、Cはセックスを指す隠語で、1970年代半ばには広く使われていた。1981年に発売された沖田浩之のデビュー曲『E気持』は、ABCをめぐる思春期の青少年の甘酸っぱい気持ちを歌っている。

↓用法「○○さんとはAまで行きました」「今日こそ絶対にCまで行ってやる」

9【バタークリーム】

その名の通りバターを主原料にしたやや黄色いクリームで、日持ちすることもあって、昭和のデコレーションケーキで広く使われていた。子どもたちからの支持率は低く、生クリームが普及するにしたがって姿を消していく。「当時のバタークリームは質がイマイチで、本物のバタークリームはちゃんとおいしい」という声も。

10【ティファニーのオープンハート】

バブル期にクリスマスプレゼントの定番だったネックレス。これを求めて売り場に若い男子が群がる光景は、冬の風物詩だった。ハートをオープンさせる神通力があると（贈る側には）信じられていた。2000年代にも小さな流行があったため、後期昭和人間にとってもそれなりに馴染みがあるアイテムである。

11【「村さ来」「つぼ八」「大都会」】

1980年代の若者たちに人気のあったチェーン居酒屋。「村さ来」はシロップの入った甘いチューハイを初めて売り出し、チューハイブームの火付け役となった。90年代になると「白木屋」「和民」などが若者御用達チェーン店となる。

12【「8時だョ！ 全員集合」】

ザ・ドリフターズによる伝説のコント番組で、毎週、巨大なセットと豪華ゲストとともにあちこちの公会堂などを巡りながら、公開生放送（ごくたまに録画）を行った。最高視聴率50・5％、平均視聴率27・3％と子どもたちに絶大な人気を誇ったが、1981年には同時間帯に「オレたちひょうきん族」が始まったため、後期昭和人間の子どもも時代にはドリフ派とたけし・さんま派に人気が二分されることになった。

13【「ザ・ベストテン」】

1978年から1989年まで放送された音楽番組。初代司会は久米宏と黒柳徹子。生放送、かつオーケストラによる生演奏を原則としていたため、ミュージシャンが歌詞をど忘れして曲が不自然に中断されるなど、数々の忘れがたい場面を視聴者の胸に刻んだ。飛行機のタラップや新幹線の車内など、とんでもない場所からの強引な中継も名物だった。

14【お茶くみ】

現代のようにペットボトルのお茶を客に出すなど論外。急須で茶葉から淹れてお椀に注いで出すのが当然だった。来客だけではなく、上役や一般の男性社員たちにもお茶を配って回るのが女性社員の日課だった（しかも日に何度も）。「濃いめか薄めか」「熱々か温いめか」など、各自のお茶の好みを覚えるのも〝仕事のうち〟だった。

15【「アッシー」「メッシー」】

バブル時代の俗語で、「アッシー」は車を出して送り迎えしてくれる、足代わりになる男性、「メッシー」は食事（メシ）をご馳走してくれる男性を指す。他にプレゼントしてくれる「ミツグくん」も存在した。

16【「女の子はバカなほうがかわいい」】

昭和時代には本当にこのようなことを言う大人が存在していた。同様に「女の高学歴は『もらい手』がなくなる」という理由から娘をあえて実力以下の学校に通わせる家庭も存在した。現在も数は減ったとはいえ、こういう大人や家庭は一部に生き残っている。

17【女子力】

2000年代に流行し、2009年の新語・流行語大賞にノミネートされた。「女子力が高い」は気遣いができる、おしゃれ、女性らしい感覚やしなやかさを持っているというニュアンスで使われることが多く、女性に対する定番のホメ言葉のひとつだった。現在は意味合いがやや変化し、ホメ言葉ではないニュアンスで使われることもある。

↓用法「ああ、あの女子力女ね」

18【番長】

ルーツは律令制度における役職の呼び名だが、昭和時代には不良グループのトップをこう呼んだ。1980年代には一大不良ブームが巻き起こり、番長は（一部の）男性の憧れとなった。女性の不良グループのトップは「スケバン」と呼ばれた。
↓類語「族のカシラ」

19【mixi】
2004年に開始した日本発のソーシャル・ネットワーキング・サービス。初期はユーザーからの招待を受けないと参加できないという完全紹介制を採用していたため、内輪のコミュニティ感が強く、オフ会なども盛んだった。自分のページへの訪問記録が残る「足あと」という機能があり、そのおかげで疑心暗鬼に基づいた誤解やケンカなど、たくさんの面倒臭さを生んだ。

本書は2023年11月より日経BOOK PLUSで連載した「昭和人間のトリセツ～厄介な自分や周囲との付き合い方」を書籍化にあたって加筆編集したものです。

石原壮一郎　いしはら・そういちろう

1963（昭和38）年、三重県生まれ。コラムニスト。64年の東京オリンピックは記憶にないが、70年の大阪万博には行った。昭和の終わりごろに月刊誌の編集者になり、93（平成5）年に『大人養成講座』でデビュー。以来、大人をテーマにした著書を次々と刊行。「昭和」も長く大事にしているテーマの一つ。昭和を浴びて育った「昭和人間」として、今の時代と「昭和的なるもの」や「昭和な自分たち」との望ましい関係性を追求している。著書は『大人力検定』『昭和だヨ！全員集合』『失礼な一言』など100冊以上。

日経プレミアシリーズ｜518

昭和《しょうわ》人間《にんげん》のトリセツ

二〇二四年一一月二三日　一刷

著者　石原壮一郎

発行者　中川ヒロミ

発行　株式会社日経BP
日本経済新聞出版

発売　株式会社日経BPマーケティング
〒一〇五―八三〇八
東京都港区虎ノ門四―三―一二

装幀　ベターデイズ

組版　マーリンクレイン

印刷・製本　中央精版印刷株式会社

ISBN 978-4-296-11909-7　Printed in Japan

JASRAC 出 2408559-401